林祖藻 主編

明清科考墨卷集

第三十四冊

卷一〇〇
卷一〇一
卷一〇二

蘭臺出版社

第三十四冊　卷一〇〇

齊

劉之英

立禮自齊始、無體之禮也、夫心之所至、禮亦至焉、其惟聖之心齊乎、
立禮者先自心始也、嘗謂修身者必有齊明之德、而所以修身、亦所
以臨天下、夫心亦甚不齊矣、所以齊不齊、以致齊者、在專致其精明
之德也、同是心也、其褻越之、則雖未必棄禮、而其志已渙矣、夫豈無
神明之監乎、而渙者何為也、同是心也、其戒飭之、則雖未必行禮、而
其尸　惕矣、夫豈無紛華之引乎、而標者又何為也、此無他、齊與不
齊之辨、一以上而臨下、則其分殊、其分殊、則其所以蒞之者、易鄰于
怠、而不能以自飭、其為齊也難矣、而至聖非必有異其能也、凜凜乎其

弗敢荒寧羣黎百姓其如庭止之陟降耳以一人而臨天下則其心
勞其心　則其所以臨之者毋日以雜而不能以如一其為齋也愈難矣而
至曰月所難能也變之乎其慮以將之予臨兆民無異在天之對
誠翁有本有原
越耳自戒懼以來其所以齋者非一日矣不聞亦式不諫亦入而翼
昔夫小心可以昭事上帝亦何適非齋乎而矧茲為天下君也自慎
是以齋其所以齋者又非一日矣不顯亦臨無射亦保而無斁之威
儀可以施及四海亦何往非齋乎而況乎為萬民主也豈必若吉蠲
之可以用孝享然而心之齋也儼然先王先公之實式憑焉而歆
有射思豈必若思成之可以綏烈祖然而齋于心也凜然散齋致

齊之日始有甚焉而敢自廢弛也以寬裕温柔者行其齊則嚴其心
○生○賢○聖○佐○始○聖○不○窮○
以自厲而柔亦不茹矣以發强剛毅者行其齊則純其心以不雜而
剛亦不吐矣自其内者而觀之則齊者固所以立禮之本也自其外
者觀之則齊者又所以立莊之迹也

一字題有章法有來歷有波瀾可識拈枯題訣

齊　劉

〇〇〔齊人伐燕取　一章

蘇州李二府季考
長洲縣學一名　李　鏌

欲止諸齊者亦以仁止之也夫取燕而不以仁故諸侯多謀之、策所以止之其速示以仁乎且齊非伐燕之人也其兵于燕孟子曾以勿取之說進誠謂取之不特不獲其利必罹其害無如齊王僅知借地之為強而不計其後也于是遂殺燕父兄係累燕子弟毀燕宗廟遷燕重器殄燕後嗣諸侯曰齊之不仁甚矣不可無兵群聚而謀焉齊能勿畏乎王策之孟子孟子曰吾甚危其多謀也吾猶幸其將謀也多謀而聲大義以罪其[illegible]之所至誰能抗之將謀而反暴政而慰燕師之所與尚能止之從來藉干比戈討叛伐貳仁則大旱之雲也否則其寃也不觀湯征葛之已事乎四方慕義士民樂業葛之父兄則撫之葛之子弟則綏之葛之宗廟則奠安之葛之重器則使長守之抑何與齊之伐燕仁暴不同如是也是以湯為諸侯所徯而王為諸侯所畏然則今日而為齊計欲如湯之無敵于天下不能也欲如湯之東西征而南北怨不能也欲如湯之徯后來蘇不能也計惟有布德修仁以伐諸侯之謀存亡繼絕以平諸侯之憤潛師捲甲以疑諸侯之交反旄倪止重器謀燕衆置新君西向而謝諸侯曰燕亂之平齊師歸矣斯時列國諸侯王有聲齊罪而數之曰爾何虐燕人民主曰請視燕旄倪爾何利燕玩好王曰請視燕重器爾何斬召公之

血令王曰請視燕新君吾唯不利燕之所有則昔日之取燕非貪矣
吾唯不利燕之所有則今日之救燕非義旅雖未必民望而悅之然
以止天下之兵則易易耳吾故危諸侯之多謀也又幸諸侯之將謀
也

有章法

縮合處極穿簾點水之巧提末節作主真得慶曆貫串之法慎思
條鍵在手妙于輕銳之中時帶風趣聲昭長題文得慎思先生之
秘妙此種要是專場

齊人伐　李

齊人伐燕　全章　錢本誠

取國必順民心貪天者妄矣夫觀于民之悅不悅而燕之可取不
可取決矣王何徒恃乎天而不思拯民于水火哉且古之伐國者
必曰天討盖天矜于民〻之所欲天必從之故天命人以已亂必
不命人以長亂天命人以禁暴必不命人以為暴知此者可以伐
國〻必取盛矣今夫齊之于燕其可伐而取也明甚君棄其奧而
歸之臣〻奸厥位而肆其毒禍深于淪胥而慘同于焚炙燕民之
嗟〻而噫呼
困于水火中也久矣有王者起必恃拯之拯之則必伐〻之則必
取〻而後焚于火者可蘇而溺于水者可救斂齊之勝燕其言取

之是也其言仁取非也而獨是問其所以取之者則惟曰天而已臨之以萬乘何其難舉之以五旬何其易非有西岐積累之仁等（透切似）于東土倒戈之旋豈非天哉雖然天者至神而不可知古聖人奉（子曉）天命以除民憾天必陰助焉故能無敵于天下而不仁之主果于伐而貪于取者天亦故縱之以肆其志以失其民而後降之罰故天不可恃而可恃者民也不然文王武王非奉若天道者哉而何以或取或不取不決之天而決之民之悅不悅哉然論至此王必（折下備甚）窃窃然自喜曰燕民悅甚何也簞食壺漿以迎王師雖較之孟津牧野之後何多讓焉雖然非所謂悅也避水火也避水而果脫于

水避火而果脫于火則悅者真悅矣而不然者踵其覆轍而又甚之民將曰噫已矣吾以爲將拯已于水火中也而乃益深矣益熱矣且將以望王者望人而向之簞食更以食仁人而向之壺漿更以飲義旅王以五旬而勝燕人豈不能以五旬而勝齊燕不能以萬乘而勝齊〻豈能以萬乘而勝水深火熱之民之所望若哉亦還而已矣蓋其可危也如此而王終不悟也卒也貪天之功而殘民以逞未幾民心去而天殃至矣又將曰天之亡我非虐民之罪也豈不惑哉

變化馳驟如天馬行空不受羈勒而矩矱森然氣骨更自清蒼

臨川兩章題文未能或先。原評

齊人伐

錢

齊人將築薛　沈志祖

述齊人之所築非徒為薛慮也夫滕賴有薛故齊人未可築滕耳而築何薛乎為齊所築哉滕文述之曰向者夫子為寡人計而以為築薛城也亦聊以固吾圉耳豈問人哉乃不意寡人之謀未遂而鄰邦之告急者方來矣今月者介於齊楚寡人之心不嘗謀所以事齊者乎泗上小侯齊實取之五侯九伯齊實征之至於今已皆為齊有啖也僻處其間所幸與輔車相依者唯有薛耳滕與薛舊為婚姻豈一日世之子孫相為表裏乎薛與滕申之盟誓亦惟曰無溢他族貪偪乎使敵人無覬倖之心而得其社稷固薛之幸也即敵人

伺之形而不至削其土地亦薛之幸也而孰意齊人將築薛哉續壤相錯薛與齊爲尤近而已欲與虎牢之築同爲扼地之謀擊柝相聞齊與薛爲最偪而已欲與漕邑之城同爲設版之計一幸（起正開緊步穩）其謀未遂亦如城鄆而不果薛固稍緩於須臾一不幸而其計可成亦若三邢之見築薛且莫保於旦夕一動敵之心無厭齊之意其僅在於乎而固以薛爲饕餮之先聲敵人之心叵測齊之舉固然築薛乎而（便見不侵於勝）且以薛爲并吞之始基且也將築之則必圍之而卑馬干戈且紛紜（圍後戍次第井然）於境外一將築之則必戍之而人民士卒且騷擾乎邊陲一牧馬略疆幾（通下緊）不異齊爲伐虢之晉而薛爲下陽之滅也雖其討方行而前車已許

從矣一包藏禍心初不意爭長則後薛而築城則先薛也倘其許遂行則啓亡而齒寒矣吾何恃以無恐

句句是將築而可恐處已見其見細心尤佳在出筆雖鍊無一毫傖父氣　原評

心頭口頭處處有恐字在固是妙筆　郭玄叔

齊人將　沈

齊人將築薛　全　　周聲振

論遷國而勉以為善、盡人以待天也、夫滕不能如太王之遷岐、獨不能如太王之為善乎、舍善不為、徒恐、正無益耳、嘗思不可必者天心、而有可盡者人事、古今來安有人事未盡、而能致天心之寵眷者乎、故人君當國勢倉皇之日、遷徙以圖存者、特一時之權宜、要惟以不可必者俟諸天、以有可盡者責諸己焉耳、昔滕以五十里介于大國、未聞其君之增修善政、為子孫計長久、而徒因齊人之築薛、惴惴焉恐不免也、計惟有引身絕向、適彼樂郊、庶可遠齊人之難耳、果爾、則必如太王之遷岐而後可、且太王亦非輕去其國必欲得宇于岐下也使其得已則苟戰之鄉非不可以致王使其得已則聽狙之游非不可以成功而當年鋌而走險急何能擇岐山之下秀立室家而後世子孫乃于既王之後溯受命之原以為上帝之真宅一若太王取岐出于天授何耶誠以太王固為善之君也為善以邀帝眷于孫受福于無疆為善以貽後人統緒永傳于奕禩自古皆然而何獨疑于滕也夫齊人之強固無異狄人也而滕君之勢并不如太王也太王猶有可居之岐山滕君幾無可遷之片壤狄鋒既遠尚得從容以有為齊難方張豈易從容以行善危矣誠欲為善不可不彊矣盍開疆闢土強大之宏圖也私

積功累仁弱小之遠謀也國無可遷難無可避惟善則可自致也（只此是題字正文）形不能移勢不能撓惟彊斯能日進也幸而天將興之賜致王之太王也不幸而天將厭之亦可繼之君子也孟子為滕謀固莫有（以遷國作掉尾）踰于此者舍此不為而輕議去必至棄宗廟委社稷越在草莽而無立國之基將取學太王不得而反類于播遷流寓之主乎滕君恐俱之暇亦計及焉否也

原評

得題主腦揮霍如意

兩提為善加一彊字所以為滕謀者盡于此矣然必重講此三字却從築倒轉借遷國過撥作勢則不煩言而自透說詩必此

本朝考卷含真集補編　孟子　學稼軒定本

詩善易不言易。自古文章高下。皆作如是觀。此文蓋得其三昧。

潤川

齊人將築薛　一章　　俞顯祖

大賢責滕君以為善、而去其倖免之思、焉、蓋去國非以苟免、而圖存莫如為善、苟不為善、則徒恐亦奚益哉、且事至萬不得已之時、雖豪傑無所措手而君子獨處之晏然此非明知其無益而姑以聽之也數不可爭而未始無挽回之術國不可恃而未始無自固之謀故雖常變異用還守異宜而我所當盡之事斷不敢以不盡則所以自處者在此即所以應敵者亦在此也如孟子既以死守告文公矣而復總之然以築薛為恐若將徒以國之存亡聽之于齊而已初無與焉者是授敵以權而自速之亡也嗟乎世之衰也

名通

空中肆破

艷雪時文　孟子

強凌弱矣衆暴寡矣築薛之事亦何可勝道雖然此非盡強大之罪也相為師而恥為役豈曰小道大淫地不醜而德偏齊徒嗟弱肉強食蓋人事既敗而天命亦無所主故奸雄得以竊其權國基不振而氣數亦有所偏故勢力遂獨司其柄然則薛之築薛自取築耳于齊何尤乎滕之恐滕自可恐耳于築薛何與乎且夫靡有常者勢也堪自立者我也如謂強隣在前遂將束手待斃則昔者太王之世陶復是居狄人為患不得已遷于岐山有邰舊封幾不祀矣然卒能以百里之地開子孫數十世之統相繼數傳遂成王業是遵何道哉蓋寧宇幹止而民心附積德累仁而天命歸雖善

之積者深故功之成者遠也今滕縱不能如太王之遷獨不可為
善乎且為善未始非大國之所忌也而不敢與也大國有臨我以
忽想一筆
不敢為善之勢我斷無不當為善之理我即未能光大前緒以啟
佑後人顧敢自棄爾業自墜爾緒乎尚其務寧民而休息之及閒
暇以修其刑政勿安于弱勿安于為假辭以為內憂藉齊以為外
吟口而諒曲盡事勢
懼若是者非敢僥倖以成功也地無可遷而因循積玩之習則未
可不遷天不能強而發憤自強之心未始不能強盡其所可必者
于我聽其不可知者于後宜創者創宜垂者垂幸而有成而我原
無希倖之心縱或不幸而自信無致亡之道滕之所能為如是而

公槐霖時文　孟子

已不然者我寔不能自立而徒欲苟免也得乎哉

可與正希先生足食全章題文並傳　原批

議論精悍控搏有力黏類陶菴先生全章文　狄韻子

一縱一橫論者莫當　葛雨亭

齊人將

齊人將築薛

章藻功

齊有事於薛滕已知其將然矣夫齊猶未築薛也而滕文則已知將築也此其意豈特為薛危之乎若曰今而知大小之國不同勢也夫子嘗語我曰築斯城也夫小國即高其垣墉壯其雉堞亦僅以自完而曾不足當夫國之一形大國一有舉動則起事于此而即收效于彼功在未成之先而人已信其必然之勢如今日之事有可為夫子告者睘顧四封孰與楚為犄角之謀者非齊耶孰與滕為脣齒之依者非薛耶昔嘗引領東望曰庶幾薛乎非獨為薛也撫薛則滕可又嘗通使于薛曰願繼舊好非以求于薛也薛在則為滕之蔽

已矣薛不能自存已折而入于齊矣覘鄰事者且以將築薛
告矣以齊之發馬啓疆也其謀臣欲興事以邀名其將士思樹威以（味進一步）
逞志即日取一薛而築之齊之人猶不以為快也得國無敵齊何擇（將字危悚）
於薛而不築薛是役也駸駸乎無可已之勢焉以薛之翦焉傾覆也
其君臣既銜璧以待命其民人亦脩胥以受攻即築薛之城而歸之
齊之人猶不以為憐也困獸猶鬭薛何足以難齊而使不築乎是役
也豈豈乎在旦暮之間焉且夫齊人之謀固未嘗不示人以可知也（吞吐妙）
曰吾之築薛將以固吾圉也薛之人聞之不獨薛之人聞之矣是則（奕是將字）
薛未築而齊之目中早已無薛矣然而築薛之計終未必予人以易

測也曰吾之築薛不惟薛之為也蓄謀于築薛之前安知不生事乎（更緊○一步）
築薛之後矣是則薛一築而齊之意中固不專在薛矣一縣大如膂蒂
之以齊亦不足為多而為此無端之興作弱小如薛見併于齊亦不
足為怪而已開無限之雄圖薛之未築則擊柝相聞猶得比于齊之
附庸而齋自為齊薛自為薛一之既築則百雉巍然適足以增齊之（又前○婉○流○雲）
保障而不見有薛止見有齊之為冠帶之國且肆其蠶食之威而何
論于楚薛亦神明之胄且降為縣鄙之屬而何有于滕一以彈丸
地與薛為鄰何悖而不恐

馮本師眼注下句乃使薛字字飛動行文亦流轉如彈丸

○○○齊莊中正　四句　　方錢　辭左

至聖以禮智臨天下、其德之足者又可詳也、夫臨天下者貴乎敬與別也、而于禮智之德足之、中庸歷詳之、而其爲川流者不益見乎、且世有至聖而天下羣仰其恭己之修如神之照焉此誠有裕乎其本者也當未與天下相見之始而存諸中者無一意之不恪無一識之不周夫是以規模宏遠而君臨之德又不獨徵於容執之足已也蓋至聖者天特生之以首出乎庶物而既已仁育而義正矣將一足耶（與他手淺提敬別翻出上截者不同）無不足焉以彼其德所謂禮嘉天下之會智幹天下之事者不早與仁義一時而俱畀哉而寧復有難于敬別乎則當進觀其禮智之所

司宗師歲考興化府學一名

司宗師歲考興化府學一名

流也夫臨天下之貴有禮之德也久矣由郊廟以及朝野何一不待

淺字翻剔

度于天子作肅之躬使偶形其雜或彰其慢而且偏倚邪僻之未盡
去也則安可以言禮德之臨也若至聖則固早絕其端矣抑臨天下
之貴有智之德也久矣自宏綱以及衆紀何一不待炳于天子幾先
之哲使偶形其闇或見其紊而且踈畧混淆之未盡革也則安可以
語智德之臨也若至聖則固早泯其累矣而不見夫至聖之齊焉而
純一乎莊焉而嚴翼乎中而卓然其不倚正而坦然其無側乎天下
有德如是而不足以有敬耶而不見夫至聖之文焉而有章乎理焉
而有條乎密而纖悉之不遺察而幾微之不混乎天下有德如是而

不足以有別耶獨是人之有意于敬者恒祗祗乎其若惕也至聖之

方是至聖禮智之德

齊莊中正一一出之以自然而初無假于矜持則是不顯亦臨無射

恪起下節

亦保深宮穆處之際先天下而攝其神明敬之足也斯不可量矣人

之有意于別者恒亹亹乎其求詳也至聖之文理密察一一行其所

無事而曾無煩于強致則是其鑑常懸其機未觸膚應昭融之地先

天下而握其指歸別之足也又何可測與且也本其寅直之忱出而

互意穩當

鑑萬類而自不掩其清明吾烏知至聖之有別不即因于其敬也二

且也萃其昭曠之見入而觀幽獨而自不懈其競業吾烏知至聖之

有敬非即因于其別也乎要皆與仁育而義正者同為君臨之德也

則吾請以其充積而發見者極言之矣。

原評　局勢圓融輕重調句

邑尊金夫子評

體質醇厚具有灝氣往来應是震川鹿門遺派。實發上截八個字不屑向足敬足别作翻跌題解最精力量更大。後將禮智說出自然方貼天道此皆作者高人一籌處若搆局之化板為圓運腕之舉重若輕猶人人能道之也林炎逢

齊莊

齊莊中正　敬也　　　李河圖

詳禮德之備知其致無不足矣蓋齊莊中正惟至聖生而有之故致
恒足也然則有臨之德不又可徵哉且世主求禮于事物之間而禮
卒無不舉聖人循禮于念德之內而禮無不行于是莫不曰世主勞
內析淡宕
而聖人逸也夫逸則誠逸也曾亦知其天秩之咸備者皆其一誠之
默運是以足無不足也哉則試由有容有執而進視至聖之敬夫敬
提起敬字、、又
振敬字作勢　丞答之敬兩挫而有不待勉然
本于一心而着于事為將襲而取之有以知其非由中也將勉而行
轉句緊　四
之有以知其雜為纔也則其妄足以有敬之雜也雖然無雜也則爲
比分疏齊莊中正與二比竟點襯徹下二比先後侵遠點旋法變換
不觀至聖之齊乎一心可以備達化而周念之或渝何思何慮之中

齊字則入
不啻祖宗之式臨也。局不礙至聖之莊乎。一念可以協陰陽而撓動
莊是由內而外今聽
六六雅矜貴
而必飭克長克君之際。不啻帝臨之在上也。且也偏倚悉化而行無
中字體物
五字合
不準則天則之不可易者具矣。中何如也。端方維謹而動罔不臧，則
作一折入下，紆徐
天序之所當然者在矣。正何如也。凡此者非襲而取之也。非勉而行
遒
廻顧首句
之也。蓋其聰明睿知之所具者又如此其備美也。而有不敢乎而敬
二比洗發六藏極精刻極挺秀
又頭生姿
寧有不足乎。必一事而致一敬，則萬幾紛錯，不勝其勞，勞則不足
讀筆如九
況是以遠快爲精作理題如寫家書也
矣。至聖則何勞也。天下之營齋不過由此蝢笑之不苟，是故物自繁
四各一合上点服否似他人擬版板擬字句色
也。事有雜也，而齊莊中正自有以一之也。蓋非強也，事本足也，而統
一華周匝
由之制。又無論已。必事事盡持以敬，則念慮偶疎，亦易塗于間，間則

不足矣至聖又何間也朝廷之尊嚴亦惟本此動履之克協是故人作瘝也情自殊也而齊莊中正自有以肅之也蓋其足也非外致也而小大之由又其後已有臨之德不又於此可微乎足是至聖之德足非在事上必其足文粘此發揮曲折詳密其詣

前四字精確不移尤為老練非常此識高養到之淺深業正則頼此不墜

齊莊中正　　吳華孫

聖德有見於禮者皆生知之所脩也夫臨天下必以禮也齊莊中正非禮德之分流者哉且夫聖人首出而皇建其有極則禮尚矣蓋其得於天者既純粹之胥全復陂側之悉絕合之爲天秩之原而分之嘉會之脩也豈惟仁義之德足於生知中發一大度并包坦易或失於優游而至聖不然也今[illegible]之內更具嚴肅之神而淵然大觀之在上勇敢奮發矜持易流於矯激而至聖不爾也厲精之中更凜範圍之卑而渾然志氣之無私且夫臨天下者以一思慮則在齊以肅意氣則以莊以爲未發之原而全無倚之本則在中在正脩之四者

（精切中）（是寫容以潤之）（字字清出）

其辨而至聖禮之德則皆備之一念妄而百念紛而聖則惟（俱字對心上說）王心之一勿三勿貳而志以尊無思無為而天以定蓋欽之人欽而（齊字精切）齋色肅泯者不啻陟降之感通而神明之對越也洗心藏密合久暫而同其原則惟此致齊之忘為精明之至焉矣一息寬而終身慈而聖人則惟凜齊慮之嚴曰旦曰明而安孜止有嚴有翼而端厥心蓋存之久存而規矩不渝者一若大廷之臨蒞而王度之為昭也律度（莊字警切）在新亮穆密而立之極則惟此莊肅之神為日強之至爾矣吾心本（思精語確）中也而聖賢率性而偽妄胥捐主靜而偏充胥絕淵淵乎其中焉（中字警切）發心與帝天相感而罔有之中時存顧諟非惟隱怯不敢忝并聰明

七二比 偉字 貼

亦不敢恃古之聖人所以順其何思何慮之天而猶怵惟精惟一之戒也則何如其中也哉吾心本正也而至聖則循理而紛馳皆化立誠而反側俱忘蕩蕩乎其正焉蓋心與義理相涵而自然之正不離須臾非惟私無所容其間即理亦無所容其偏古之聖人所以循其無黨無偏之則而猶嚴不邇不殖之神也則何如其正也哉是可覘盛德之至焉非有強習之ゝ而無欲著其小心ゝゝ恭綠乎立命蘊於不可見者悉中於不自知是可覩無體之禮焉非有分流之異而不併立主一之至不倚獲无妄之全析之而有數端者統之而無餘量足以了致天至聖德之必然者矣

（吾字藝ゝ勃）（名言不刊）

叅六藝之名言發四子之精理力大於身純密無間若何等深

功夫

樹義經訓之途遴言宏富之域

齊莊中

齊莊中正　二句

癸卯會試八名　何夢篆

至聖之敬德有分見之而至足者焉、蓋齊莊中正、禮之蘊於心者然也、而有敬之足以此、中庸舉以明川流之小德也、而言曰、至聖之臨天下也、不惟知崇而又見其禮卑、有嚴有翼、心之於以退藏也、不偏不倚、神之於以內發也、雖發應之昭未彰於天下、而其敬德之內涵者、固已體事而無乎不足者也、試由仁義而進思夫禮、蓋天生聖人以立物性之節、凡所以發其夙夜惟寅之志者、原非一日二日所能勉、而聖人亦先萬物而嘉其會、故所以盡其嚴恭寅畏之心者、不待端冕垂旒而後見、是故齊則志之一也、優[illegible]懔

（中正俱貼心說）

（起比亦精切亦流動有齊莊嚴肅之勢）

闡者齋之事而至聖之齋不以事而以心無致戲豫而肅乎、旦明之臨無然畔援而凜乎一帝天之降鑒聖人之神明其德然也莊則心之嚴也圭璋闡望者莊之象而至聖之莊不以象而以神顒若有孚而盥薦何資於訪毖穆皇如攝而嚴凝自定於性天蓋聖人之日強其體然也至若建中於民中之用也而至聖之眷眷未發者寂然不動而靜虛之體於以常存湛然有覺而偏倚之私無不悉化蓋中則其性定而本立也表正萬邦正之感也而至聖之守於無為者纖私不作而大哉見天地之情邪曲偕忘而不疚凝一人之命蓋正則其順受而理得也若是者以心蘊禮則同明

（齋字切）（明、清）（莊字切）（妙將此意關起句、攝入心上去）（中正二比亦無一字可移易）（中間開合作極）

細膩精深密

曰旦之中形神交飭方兢兢乎有不克疾敬之憂而以攝持心則可儀可象之地昭然無違且慄慄乎有敬德日躋之勢攬本萬事

以有敬未說到發外處

狀足

之樞而聖人之運萬事如一事經權各具悉本之以小心常變雜投卷將之以惕志則齊以發先王之德莊以作大君之宜中正以

大氣色舉運重如輕

名雋之句

立天下之大觀而聖人之德盛禮恭者環而聚於無象一敬本一心之運而聖人則宰百度於一心天工之亮悉徵之以無荒庶績之熙懲戒之以無曠則齊以泯聞見之粗非以化尊嚴之迹中正以立人心天命之防而聖人之禮明德倫者靜而莅乎有形一其敬之大者在配天尊祖之制而小亦不遺於臣民韶御之微其敬一精

者在單心基命之御。而粗亦不遺於飲食箴銘之細。此聖人一敬所以恢之而彌廣。藏之而裕如也。故曰足也。

分肌劈理。一往多有本之言。原評

分疏細密。鑄辭精彩。高華沉實。兼擅其勝。揣摩若此。自應有目共賞。

五德皆主心言。新安陳氏以齊屬心。以莊屬貌。中正屬臨事。未免夾和。文最洗剔分明。蔣思質

齊莊中正　一句　雍正癸卯恩科會試元　周龍官

脩言敬德之聚而知其禮之足以臨矣夫有敬者禮之德臨乎天下者也不可于齊莊中正而知其至足哉今夫玩忽者柔嘉之所由遠也兢業者大觀之所以光也故有容保之量者不可無嚴翼（聚容執彆分出敬意來）之小心而秉畏敬之才者患其無慎重之至意則臨天下者又貴於有敬也乎更以禮之德觀生知之至聖則見其齊焉莊焉思慮（直起老）何以而嗜慾蠲捐不啻欽承之有赫坐立有度而整齊無違亦若（字義精切）神明之我臨而且燕昵不形於動靜且明之儼恪德之所以日強（精深刻露一字一珠）也惰慢不涉於身體夙夜之嚴威心之所以如結也其斯為無致

新科墨選　中庸

戲豫無歡馳驅者乎則見其中焉正焉受中以生者時存未發之

本來兼該內外畢具明辨晳而純粹

原既不患於情之過躁適時處中者素與因心之矩亦寧病急勝

精

之〻馳而且守至正而無為豈煩于措正而自遠乎邪曲之萌也

大居正以明尊不待于表正而自裕乎蕩平之範也其斯為無有

権対

作一縱筆文勢紆徐

偏倚無有陂側者乎夫心之雜而不純者操之則惺然其若存縱

之未有不肆焉者也而力之勉而未化者幾其一每覺矜持之莫

遂由其全未有能安焉者也若是者雖治一事焉猶將儼然如不

終日矣而況臨天下者乎乃若至聖之齊莊中正而其有敬也塞

纖毫不該寫足有孚遺

復有那不足者乎內焉而雍雍者在宮也外焉而肅肅者在廟也

時有以暫惟徼以永之則貫約絲而不渝焉夫豈必見之於臨蒞
哉不觀不聞而心之歆羨胥泯私曲不形常有一畏于天命畏於
民巖之理以退藏於寂處天下雖大乎罔非其敬德之作肅焉已
矣常焉而臨保之無斁也變焉而七鬯之無驚也事有大小唯敬
以將之則歷艱危而愈泰焉夫豈有意之兢惕哉惟淵惟默而心
之二三俱絕倫黨咸消常挾一及爾出王及爾游衍之意以預制
乎以我天下雖煩乎罔非其敬量之統攝焉已矣蓋德盛者其禮
自恭而根心者其流不息其斯為民之主而知臨之宜者乎
具帰胡之魄力扶程朱之義理灝瀚精深誠點水成凍毫髮無

（旁批：炤上有臨）（旁批：更精）（旁批：精神蘊藉題無匿旨）

遺憾[illegible]

理精矣。而氣更圓。神足矣。而詞復昌。四件作兩比。而各抒寔義。

[illegible]從正[illegible]。[illegible]中作折腰。格勢客變。不失其為大方。盛

齊莊中

周

○○齊莊中正　二句

癸卯會試　洪肇楙

進詳至聖之敬德、禮之足乎中者也、夫未有可敬之事而先存夫敬之心、則至聖齊莊中正之德是也、足以有敬又何殊乎容與執乎、且至聖之臨天下必有禮、禮者敬而已矣、然使必驗諸臨御之際、是第執乎其迹而未探乎其原也、蓋有禮之禮、徵于顯中規中矩、皆在共見之途、而無蔽之禮、立乎微亦保亦臨、即在隱藏之地、則總至聖之容執而更觀其敬德者、當觀于其本矣、一至聖之神明有斂而無縱、乃已斂也而常若縱焉、是故未接一人、未交一物、而靜存之主已兢兢乎有玩人玩物之虞、至聖之心思百操不一念

（旁批：得主腦）

（旁批：日自外說到內是足以二字神理）

乃已操也而猶恐舍焉是故曰未及歛足未及舉而乾惕之乘迴
祇々乎有步々曰步々足之惧吾見精白乃心不郊天而肅潔齋乃志
切定生知
不啻齋而處而又非有意以為肅有意以為處也主一靡他而仍
不損其休游之致則至聖之齋也有然儀度圖懲猶嚴于指視金
玉是式猶凜于旦明而又非作而致其嚴作而致其凜也凝思靈
若而絕不攙其肅穆之神則至聖之莊也有然首庶物而立極即
起句卓然
首庶物而建中精一之宰膠固融焉倚著泯焉無乎過亦無乎不
及其中也聖心之所為自合範圍也先天下而勵躬即先天下而
表正光大之餘險陂化焉私曲消焉無有黨亦無有偏其正也皇

極開合之妙而賓主分明

襄之所以盡底蕩平也。是司者以之而蒞事。以之而馭世。其無在不敬者。尚待諸施設之餘。而以之而制心。以之而宅身。其足以有敬者。早裕乎生知之內。故遠天下而語以至聖之齋也莊也中與正也。天下初莫能知也。深宮之劼毖存存。不遂固非臣庶所得而窺其隱。即就至聖而測其所以齋也莊也中與正也。至聖亦自不知也。內念之操持惺惺。不睹更華形容所得而發其微。蓋統言之。止此一敬。其動於時幾。接下齋。出王游衍之外。析言之。則為齋莊中正。人何從臨朝淵默。始其仰其垂裳恭己之容。至聖之敬德。有如此者而未已也。

句句收斂入長

中列四比。句斟字酌。前後總攝。神旺機圓。而下語更能緊切些

知收斂入裏。不向外面鋪排。理題中罕與為儔。

齊莊中正　四句　姚黃甲

詳禮知之德、合敬別而無不足焉、蓋有禮知之德具于心、而何敬
別之有不足耶、中庸詳著之、以証小德之川流也、且今以至德臨
天下而天下于此觀禮焉、觀知焉、要豈待禮知之既著于事而後
羣相推許哉、當其內蘊諸心、無一念之不致其謹凜、無一意之不
極其周詳、固有取諸懷而裕如者、夫是以遇物而不失之矜、觸物
而不為之眩也、然則有容有執、果足以盡至聖乎哉、舉天下衆著
之倫、小大之類、一遇夫至聖在上、而無敢或生其慢者、至聖以敬
之道臨之也、然人亦有隨事以為敬、而有所及持、或有所不及持

濯錦川試藝　司宗師歲考興化府學三名

澤鎔則試藝

司宗師歲考興化府學三名

日求敬而恒慮敬之不足者何也惟其心之雜也肆也不則其偏且曲也而至聖以其心之整齊者為敬則敬足于齊以其心之嚴肅者為敬則敬足于莊以其心之無偏倚無邪僻者為敬則敬足于中與正且夫至聖之足以有敬也抑豈必其飭之而後齊持之而後莊矜強之而後中與正哉彼其欽翼之小心所存于萬感未交之始者原無所假于嚴威儼恪之為而由其敬之無不足從而分之曰若者為齊若者為莊若者為中正而無一非其禮德之所流則至聖之亦臨亦保措天下于恭已無為之中者其悉本諸此而已矣舉天下萬幾之繁流品之雜一呈于至聖之前而靡有或

其鑒者至聖以別之道聽之也然人亦有逐物以為別而于此
昭然于彼則又惘然日求別而常憂別之不足者何也惟其心之
闇也奈也不則其踈且昧也而至聖以其心之鬱然者為別則別
足于文以其心之井然者為別則別足于理以其心之無所略無
所清者為別則別足于密與察且夫至聖之足以有別也抑豈必
表暴之而後文條析之而後理詳審綜核之而後密與察哉彼其
先覺之膺應於具于百為未動之初者并未嘗有錯綜參伍之迹
而由其別之無不足從而區之曰若者為文若者為理若者為密
察而無一非其知德之所流則至聖之類族辨物擇天下于燭照

理解而不求足

數計之抑者其惫本諸此而已矣知其斯爲小德之川流也歟

格局弘整心手調叶原評

齊莊中　　述

齊莊中正

太倉　陸寅亮

雖德有興、又可驗根心之禮矣、蓋禮者、德之興也、至聖之齊莊中正、何一不根于心也哉、中庸言至聖之臨天下、已極仁至而義盡矣、顧衆理之施、必由絲曲、一心之蘊、實具節文、則仁義而外、吾得更觀之禮、今夫禮有其顯者、有威有儀、萬物所以覩光而戴顯仰也、而禮有其微者、亦保亦臨、聖人所以洗心而藏密容也、郊天而肅告廟而處齊之謂也、乃至聖之齊、不以事而以志之、貞夫一則二三勿參、志致其潔、則精白可鑒、旦明之地、如對越焉、所云儼若思也、冢而治、端冕以朝、莊之謂也、乃至聖之莊、不以貌而以

提掇居要

洗刷最精

雅註

凝其神而無惰則志氣日強斂其神而不依則穆皇如抱欽吟
性常震動焉所云恭作肅也首庶物而立極即首庶物而建中執
（貼中正二字尤為不刋）
之維允主靜涵有覺之天宅之維虛無欲還本發之體性定而本
立不偏不倚矣先天下而飭躬即先天下而表正直方內運無
私見天地之情貞固默成不疚凝一人之命端居而作所無反亦
（綰極古峭）
無側矣是則齊以肅之禮有質也莊以持情禮言恭也宅中居正
以臨天下禮之與造化同節也此敬德之流而各足也
不矜奇不炫多志潔物芳修姱練要自是出塵之姿　原批
精純簡貴善學思泉

仁義禮智。皆根于心。說向外面者非也。惟此字字切實。選辭古雅。尤能力追先正。滑苑祥師

以仁義之質。標古雅之神。西江諸公自謂得力處。文乃不襲其貌。善取其精。陶爾音

第三十四冊　卷一〇〇

齊莊中正　敬也

陳懋芳

蓋聖敬之心、知聖人之以禮臨天下也、夫敬者所以臨也、而豈易言敬哉、則於齊莊中正而信其必然耳、嘗謂恭己者聖人君天下之象、而欽若者聖人持一己之心、乃至聖所以臨天下者不於天下也、（提敬字以定題位）神明儼若之地、其所以自臨者無在不為天下存也、（倒挽有臨）則於存誠之日、又有以見聖德之一端耳、至聖之足臨、獨有容有執已哉、王者首出天下、皆在夙夜之中、苟加物之時有一事不太詳慎、（即從有臨轉出敬字）獨之心則雖量之所及、而非其心之所御、王者出涖天下、皆在宥密之內、苟退藏之際有一念不見吾寡過之學、則雖氣之所持而非其神之所操是故臨天下非有敬不可也然亦安見其足以有之也吾見其齊矣莊矣至聖之齊嚴於非禮而禮之所存不使天下（四項本是平鋪却用刪繁就地）見其齊而不能不使天下見其莊也則齊與莊亦惟聖人能也吾見其中矣正矣至聖之中極於不倚而倚之所化用之而為民之中遵之而為極之正也則中與正又惟聖人能也夫然而以云有敬其至足矣乎敬者本於性而深焉者也以聖人而發其淵衆亦（即本體之心）率其敬之性耳乃敬者一心而必為多端以致之盖敬之神於此（存而作用已具盤旋內祭骨重神來）全也則內之守於天心外之式於王度豈復慮其有或戒或不戒之處敬者存於誠而著焉者也即聖人而備其嚴恪亦復其誠之

初耳乃敬有慎細而由於大著以驗之蓋敬之體於此立也則微之飭於小物顯之畏及兆姓豈復虞其有或至或不至之端大抵敬以自持未臨天下而先以臨其心敬以生敬即一人之心而有以合天下之志吾於莫不敬而愈知其足焉矣

字字還他着實恭惟千聖心秋月照寒水觧此方許作理題文字俞以除先生

勘題的確而文筆遒古庚午名墨雖多無此風格矣　門下晚學生許兆棠

都就存主處探題之脉字字按入深際　孫壻唐虞世

齋莊中正　敬也　楊炳

礼德之足於中者擬之而如見焉蓋至聖非有心於敬而齋莊中正無不足則無不敬矣礼德不從可想乎嘗思人世浮情邪僻之情惟礼可以揖之故礼也者其道純一而不雜其象肅穆而难也（方是小德夫地川流）其制無偏而無頗而要必有足乎中者以藏其用而歛其神則吾于仁義而外又想見夫至聖之礼德焉（老筆）夫礼者何敬而已矣（提句提要）敬以一天下之紛馳而非有自靜其紛馳者斯万物皆得進而擾其体敬以防天下之回邪而非有自去其回邪者斯万彙皆得入而引（不徒就外面說有敬）其思今夫天下之故至雜而不可窮也生人之情岸然而未有已

（單刀直入）（开收亦可不）

吾莊中正之故
也一心之檢制氣勝則已激一日之防閑意勝則已流也乃至聖
曲折自如純乎古文筆力
在上而離者奔肆者肅激者可使平流者可使正豈繁無本而致
愼不惑如此哉由今以思而見其有穆乎若惕如対上帝焉僾乎
四字文先西閘模様
若思知交神明焉吾知其齊也健而有常不顯亦臨焉強而不息
此句微
慊似杰字
無射亦保焉吾知其莊也不偏于靜罔或過焉不流于虛罔或不
及焉吾知其中也曲者直之經可守焉頗者夷之坦可由焉吾知
其正也舉世各挾一爭勝之氣而惕以敬天尊祖之誠則浮情亦
有時而歛而至聖之齊焉莊焉中焉正焉者要非倉猝所可辦也
道妙爆熟
存其心于不睹不聞之中而有性而不自任其性毖其幾于夐兆

莫顯之交而有情而不自任其情斯浮動之氣無自入而歛之又
歛者自純以而益純万類各懷一渙散之心而凜以見賓承祭之
想則放心有時而可收而至聖之齊焉莊焉中焉正焉者非作而
致其情也靜以養其曰明曰旦之体而才智一歸于撿束動以純
傳所謂求放心底圣人　至圣原无工夫大敬之一字則千古心
其惟精惟一之念而有体聽命於天君斯制防之功不必設而存
之又存者自密之而益密其足以有敬也亦足于其齊莊中正焉
而已一分之為衆著之淵修而得其一端即為臧豫馳驅之所由以
泯合之為聖敬之日躋而倫其貪体自為天命人心之所由以集
至聖之礼德其足以有臨者又如此

會墨

不是一個敬足以了之齊莊中正方足有此小德細分其微妙處所謂脈絡分明也若單在外而說便淺此文盡內外精粗以寫有敬之意或疑似學者用功不似至聖不知一敬傳心堯亦欽若舜以允恭君子時中不離戒懼此正道理精所他篇不及

齊莊

齊莊中正　　鄭一純

禮德根于聖心可繼仁義而析言也夫齊與莊中與正至聖之禮
德與仁義而同根于心者也故中庸又析言之以為王者以一身運筆圓轉說理精細
臨天下必以一心撿束乎天下頓德不本于生初經曲祇外飾之
具惟理寔全于性始威儀皆定命之符與範圍在一心而同原者
未嘗不分見也吾由至聖仁義之德而更覩夫禮二見其齊為整
齊畫一臨天下者固無有易焉矣而至聖之齊不在動作之有常
從心上講極合書旨
而在矢念之不雜主一無適而德罔二三微密退藏而心無回遹
豈必對大庭而始潔齊相見哉其神常聚寂處凜若見賓其氣常

清端居宛如承祭盖生而神明其德者也吾故謂唯天下之至聖

齋字確切

為能齋一見其莊焉周規折矩臨天下者固無有踰焉矣而至聖

之莊不在容止之穆皇而在中懷之惕厲無逸作所而終日乾乾

夙夜惟寅而小心翼翼豈必坐巖廊而始端莊可象哉顒若者其

屬對工穩

莊字確切

望不在宮而自雝儼若者其思不在廟而自肅盖生而日强其德

者也吾故謂惟天下之至聖為能莊若夫降自維皇為大亦所由

立者則惟中雜之以偏倚中遂失其中焉至聖粹然無偏而精一

如此詮發更見工巧

之餘要以允執純然無倚而懋昭之原賴以能建曷嘗有心以納

乎執物而所性之無或過無不及者自適如其未發之體也則與

天下受中者即先天下以宅中中惟天下至聖所獨能若夫原於性命為皇極所由建者則惟正秉之以邪曲正遂失其正焉至聖肫然無邪而方寸之間罔非寧靜坦然無曲而虛靈之合時見蕩平曷嘗有意以就乎準繩而所性之無反側無頗僻者自無異乎保合之初也則與天下各正者即先天下以居正〻惟天下至聖所獨能以云有敬信乎足矣

（字〻典切）

文非鍾鍊則弗精非淘洗則弗潔作者于題所應有之義都洗鍊而出故能瑩明警切如許俗下浮蔓成習當奉此為換骨金丹

頤蕙種

齊莊中正　鄭

齊莊中正　二句　二名　戴瀚

詳言至聖之敬德臨天下於一敬內矣蓋有臨之德敬亦其一也如至聖之齊莊中正敬德所涵烏可測哉從古聖人之臨天下也量包乎萬物之外必有與天地同節者而後萬物受其範圍於之定于萬事之中必有與天地同序者而後萬事歸其裁制又蓋有形之嘉會易為擬議也氣志如神而四體皆喻非至德莫能當此者矣則試更言臨天下有高乎天下之材者懼其有輕乎天下之心日頭矣天命日畏夫民品不可謂非嚴翼矣然必借天下之重以自惕而精神不肅于天下則聖哲猶為有隙有出乎天下之

質者處其有小乎天下之[illegible]臨以深谷時涉以春冰不可謂非戰兢矣然必因天下之[illegible]以官處而神明不周乎天下之外則禍敬猶為未純若夫至聖之齋也清明本于天授初未有紛擾其心者何煩乎整飭而後一也抑又何儀而可象早作聞于因心其聖而莊也亦生知之獨擅者焉若夫至聖之中也純粹由于性生初未有偏雜其心者何事乎權度而後精也抑又不流而不過矣矣于居心其聖而正也亦生知之獨合者焉以臨天下有敬為何如乎世有待于我之敬而吾敬不足以副其弥綸則天下受治于矜持之所及即受弊于矜持之所遺故夫應庶務而始著其敬者

肯敬之未全者也若不聞不覩之地有罔弗攝者存焉則泰然無怍之天君其震動有餘裕也已世有需于吾之敬而吾敬不足以持其久遠則天下仰賴于臨保心至之時或泄忽于臨保不及之久故夫歷年所而始窺其微者皆微之未備者也若不聞有[illegible]隱之際有罔弗念者存焉則穆然無營之主宰其精一靡有間也已[illegible]一定之美為步趨優游不容以相掩至聖惟以渾然一敬著先[illegible]下而有主則宰天下而不勞敬求之以齊莊而齊莊實[illegible]來之[illegible]中正而中正寓焉豈必一天下且任[illegible]加意于[illegible]濯[illegible]而拔濯之[illegible]能寧歟然于重任也哉(?)前(?)之變為效法從違不能以相齊乎(?)

聖惟以粹然一敬行應[illegible]下而[illegible]紛即涵天下而[illegible][illegible][illegible][illegible][illegible]
齊莊而中正與俱[illegible][illegible][illegible]而[illegible]正而齊莊與俱[illegible][illegible][illegible][illegible]大
器當勵志于緝熙也而緝熙[illegible][illegible]懷又寄[illegible]緩于大器[illegible]識[illegible]以[illegible]
敬與容執之德同為有臨也已
渺衆慮而為言[illegible]說[illegible]留存清剛之氣

齊莊中正足以有敬也

戴名世

即禮之德以觀至聖而其能敬者本此矣夫禮者敬之具也至聖之禮無不全故其敬無不足也且人之心無可忽之時而吾心之視天下亦無可忽之事然而莫必于人之心者何也緣飾之具多非其人而勉強之迹必不可從夫是以皆莫可必也今夫聖人端拱垂裳天下但見其容而莫能窺其意不知其天則之合本于生初蓋非一日之故矣聖人從容暇逸天下共覩其安詳而遂忘其兢業不知其本原之地正密無窮蓋非緣飾之文矣人莫患乎其心之襍焉襍則不一不一則擾矣聖人之心渾渾已耳而參差之

戴田有時文全集　中庸

所不形以故萬念之純而無一念之襍焉者以間之蓋齊之謂也人莫患乎其心之肆焉肆則不庻不庻則佻矣聖人之心穆穆已耳而率易之所不形以故萬念之肅而無一念之肆焉者以敗之蓋莊之謂也理之一定而不可踰者而中名焉變化從心而要不出乎範圍之內則惟至聖爲能中也不然者則偏而已矣豈有當哉理之自然而不可枉者而正名焉優游合節而要備極其裁制之能則惟至聖爲能正也不然者則倚而已矣豈不覌哉今夫禮（楷適不踦）焉肆焉偏焉倚焉者之于敬之本已失也則必怠棄必慢傲不待其不敬而知之也然則齊焉莊焉中焉正焉者之于敬之本也

也則必雍雍必肅肅亦不待其敬而始知之也天下凡事皆或有（確然足以有敬後句別句不得）猝致之時而敬之為道非可以猝致也當敬之時而始求致其敬則已不敬是故敬之先固已充然其有餘也天下凡事皆或有暫息之期而敬之為道非可以暫息也當敬之餘而已畢其敬則已非敬是故敬之理常處于慭然不盡也齊莊中正足以有敬也至聖之禮之德如此

宋儒理實先輩法程其湊雲健華則作者自有

徐貽孫

齊景公有　兩段　己未　儲麟趾

榮辱之相及於身後也人有共勉厥生焉夫景公袁窮生前之榮辱何如也乃民之稱不稱則反是人盍早計反此而勉焉今夫死生之際大矣可不哀哉庸人亦自足千古乃悠悠而付之莽蒼者輕於鴻毛也至人亦不得須臾乃默默而寄之天壤者重於邱山也而三代直道之民獨戀然而維繫之則有如齊景公可鑒焉以彼席東海之餘貲其足以鬱懣夫千夫者何限雖然獨未至死之日也死之日而董狐之筆無權編氓之口有權矣則有如伯夷叔齊可念焉以彼守西山之片石其月分淪沮於窮岩者何限雖然

亦特未到於今也。到於今而學士之讚頌稱盛慕德之斷類非虛矣。有馬千駟。餓於首陽。以力若彼。以窮若此。其聲相提並論。乃民之稱卒不在彼而在此。何耶。倘謂景公為千駟累。則衛風何以紀騋牝。魯頌何以思斁牡。以此知原非因千駟而不數景公也。假令當日者不為有馬千駟之景公。而依然一民無傳之景公。豈能向愚民而豹之哉。而業既有馬千駟也。聲華絢爛之場。儻焉磨滅。遂令弱草輕塵。自識彼增愧赧耳。若謂夷齊必附餓顯。則始同湮然亡公子。繼亦黯然周遺民。以此知何非借一餓以玉成夷齊也。假令當日者首陽無餓死之夷齊。胥蹇必別留一不朽之夷齊。寧

處於公論而斷之哉而業既餓於首陽也仁賢饑歟之餘轉爾豈
傳爲覺空山白骨千載猶有馨香耳獨是景公殊矣惟彼不爲景
（既意露）
公者常懸一無德而稱之景公以觀我庶有裨耳不然者彈擲竭
斷生前之炳赫九京詎復能留而何以憑古昔令民然者共指爲
千秋之鑑夷齊往矣倘有爭爲夷齊者請設一到今而稱之夷齊
以自勵倘未曉耳不然者壟斷壚荒死後之春秋兩人豈能逆料
而何以蘇頑立懦卓然者群目爲百世之師嗟嗟勞世無謝君子
疾之辛其未沒世也而曾不能稍殺損其富以求異焉者則何也

太華夜碧人間清曠靡忭神素嗒然時搢原評

撥下立論。絕不在千駟餓首處立着。解看題最真。前明趙儕鶴作。如天半峨嵋。不可攀躋。方百川兩作。以清恣矯之。此則快情遒調。直薄雲霄而翔。不與兩先生文並傳。吾不信也。

嚴會崙

齊景公問政　子子

敷文羅　枚

政不外乎倫紀救齊之急務也夫君臣父子政之本也而在齊則尤為急務子故于景公之問發之且人君承富强之業而思奮發以有為豈不貴知本計哉乃往往狃于富强之說急功利而後經常不知德惟善政彝倫叙斯九疇錫天秩昭即庶績凝所謂得其本則萬事理者胥是道也說在齊景公之問政夫景公秉國之日正齊政不經之時假令當日者君作恭先權臣不敢行其德父盡慈教宗子不得廢于私齊之政不且追尊尊親親之盛哉然而師納魯昭功敗于子猶粟輸范氏恩結于吉射則君臣之政失拒蒯

贖助出公舍蔡般謀宋故則父子之政亦失君子觀于炊鼻之役鐵上之戰圍戚之師澶淵之會未嘗不歎景公之不足言政也且夫君子之謀人國也必不使公室為季世當夫政柄旁落之秋而苟能振其綱常則天澤嚴而惟禮可以為國亦何至內寵之肆奪于市民力之二入于公聖人之救時弊也初不外人道之大經當夫並子配嫡之朝而有以遏其亂萌則孝慈著而修德以固維城亦何至在外而有萊人之歌在內而致大夫之恐則齊之政亦惟于君臣父子加之意耳誠使君人者社稷是奉而去其讌樂之情則國體以肅臣人者社稷是養而弭其為議之習則官方以清千

秉之主立正必無色駭于巨囊三軍之事與謀必不禍迯于野幕
家施不及國安患其偃蹇棄命也廢與無以亂安在其嫡寵爭權
也而且君以叢脞為懷競爽者將不僅二惠父以義方垂教可訪
者何慮乎少君將見君臣相悅民怨陳氏之施子父不好朝無孺
子之黨溥斯道也雍睦成風老幼得所初不必薄賦省刑而始光
聊攝之間已臻郅隆也收孰有先于此者是知堂陛之紀綱必飭
元首明而股肱良辨分正名奚誘諸叔季難為之說源宮之笑顰
不假父止慈而子止孝家齊國治豈等諸驩虞小補之謀蓋君君
臣臣父父子子者帝王治平之大法而在齊則尤為急務者也景

公誠能以此為政。即無官山府海之謀。已媲大公丁公之烈矣。豈不休哉。

疏密相間濃淡相宣布局工而行氣亦利　樊寓彬老師

齊景 [illegible]

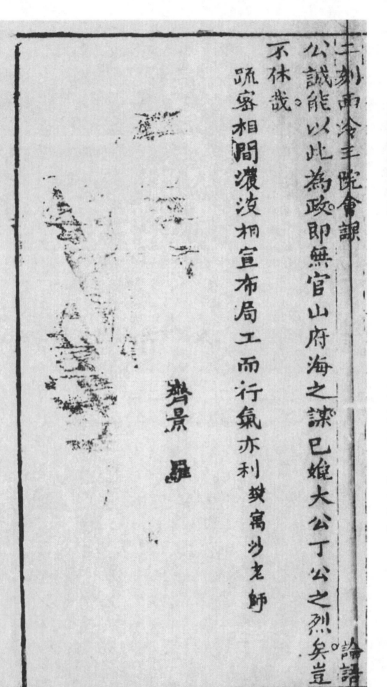

齊饑　一章　仇兆鰲

客卿無救荒之策猶晉人以謝之焉夫仁政不行饑所發棠其可再
乎為晉人傳虎之說孟子殆將去矣且贊者之在人國也道隆則隆
否則一言以紓其急亦國之幸也然使所學不行而棠棠焉數爭權
宜之下策雖此邦之君强而猶我于百姓奚濟焉昔齊饑孟子請發
棠王從之此亦一時不得已之權而國人遂以為利至是齊人（原批從漿史筆）
饑鳴乎齊何饑之屢也其數存不行孟子之仁政有仁政則荒雖凶
而民不饑今并不能用孟子之言急而以棠請非孟子意也朝國人
至是竊竊然以前事相料耶陳臻聞其說試聞之孟子曰嘻是欲馮

歸敎也。是欲我為再搏虎之馮婦。而使國之人悅我。天下之士笑我
矣。齊之發繫于虎矣。羈旅之言。而悅民于難危。道也。一之為甚。再何（京狀○此非題本意）
為哉。蓋齊民危急之狀。驟言之。未有不動心者。而賣陳之卿。懷為當（原評亦非題本）
饑不者。賑發之舉。親聞之。未有不動色者。而再行之。即舉為欲重然（○逼○空○波○化）（○養○轉○本○意○）
不可發陳。臻言是也。且棠之不可復。非關于王之聽與否也。搏虎之
人非善士。發棠之政。非良法。彼馮婦之技。至于搏噬人之虎。其能盡（○好）（○根○轉）
虎乎。不如反而行善。而乎能以棠賑國中之饑。能保無再饑乎。不如（一波）
退而修政。不然。齊境之眾。聚于棠。屢饑而屢請棠。不必竭。是不發亦（○有○在政○剛○空○難○以○而○不○飲○句）
饑。發亦饑也。棠竭。王必復欲民而窺之。是愈饑。而發棠。饑民者亦發（又一波）

棠也使孟子再言于王王必不聽即聽矣王不為一棠以謝齊國而為客卿者徒以發倉之故補苴于豊歉之間而國卒以無救殺何不令三齊之士與馮婦同類而並笑之也哉一夫藏戾知齊告糴君子記之為其諱名而緣寔也使客齊而再請棠與相縣而急行權何以異君子知幾而默固所為知足不辱知止不殆者自是絕口不復談齊事矣

阡陌之外別具町畦平時核論惟其有之

齊饑　仇

齊饑　章　　許翼樺

事之不可復者、大賤于衆怒有微辭焉、夫臻之所為不可復、猶非孟子之所為不可復也、馮婦之喻、亦意微矣、且古今有為之事、其為千萬人所從、而不能不為一二人所笑、者可勝道哉、此無他、所狗者人而所失者已也、如齊發棠救饑之舉、固自孟子嘗得之于王以至于（縱後言族可乎）今再饑、而國人有無望之望者也、夫變之後者易動、事之後者易行言之後者易入、聽之後者易信、宜國人之皆以孟子將復為齊德斯舉矣、而陳臻即以為不可復、果合于孟子之所為不可復、欲一盡臻之（不可當勞）所為不可復係乎王者也、王而可即復之、不可易為仂矣、王而不可

本朝房行書歸雅集　孟子　康熙癸丑

即復之可難為名矣此猶夫以國人之所可為可矣孟子之所為不
（不可以理）
可復係于已者也于已而可即國人皆以為不可而復之不容已矣
于已而不可即國人皆以為可而從之甚無謂矣此蓋不以王之所
（數前日之勸去易以見今日勸王自不難前不）
不可為不可矣故昔嘗其可離君高戀于上而結舌于朝而為民請
（明鑑人之望此亦不簡國人之望補前得乘于齊惠宗瑜意已舉）
命沛膏澤于國人不知之時不必聊攝以東姑尤以西若請
之也今當其不可離矣變未始不可回民艱未始不可根而違道千
譽自愼重于國人屬望之日非曰棠為齊之棠而發則任受恩饑為
務之饑而發則任受怨也假使孟子繼之如昔齊王發之如昔國人
（故治陳臻）
之悅哉孟子當更大侍於昔也然而非左于意矣自然繼之所為

不可又未必其或可者哉馮婦之喻亦謂搏虎不能來必不可得于負嵎之勢然而悅之者衆也笑之者士也豈以其無攖之勇失衆人之心而士為是爍然者乎然則斯舉也亦決之為馮婦不為馮婦而已矣臻雖智其猶在為士者之後乎

驚妙

發得正意甚確昔當其可二股用筆甚活而更能持論不嫌喻意之略

齊饑 首

第三十四冊　卷一〇〇

漢排淮　文組集　周永錫

漢亦與汝並決而淮可先排矣夫漢水合淮而汝又入淮者也繼決而言排揚州之水淮為大嘗讀爾雅釋水之篇知漢為潛與汝為濆並記而即繼之曰淮為滸說者謂從釋地以下至河皆禹所名也若乃紀朝宗於荊境更資保障之功而浮貢道於徐州先治胎簪之委則當壅塞之既開吾更幸詳於書者可過三澨也吾又思詠於詩者之有三洲矣禹治南條之水吾先念決汝者何哉誠以汝有二源南汝出高陵東南流至新蔡合淮北汝出天息東南流至狼皋從鹿上合淮使汝不先治而淮更不可治矣然禹之與汝並決者又有漢在讀沱潛既道之文

知禹之所決者為西漢也夫潛為漢之下流導之而上流乃不虞其潰所以周南既詠汝墳而漢廣亦同導其化讀嶓冢導漾之文知禹之所決者為東漢也夫漾為漢源之本導之而西漢更互為流通所以山經既詳汝出而漢水亦並列其名漢之宜決不猶汝之宜決乎閒嘗讀春秋至桓公之八年楚子伐隨軍於漢淮之間或疑漢水發源於梁淮水發源於豫漢與淮不通何以云漢淮之間不知淮水經大復山北至原鹿與汝合又東南流至盧江與漢合則汝合淮淮合漢漢既與汝並決而淮可不必專治矣乎乃禹必先排夫淮者何故樂鐘鼓而忘反一則曰淮水湝湝再則曰淮水湯湯雅之詠淮者詳矣使不從桐柏以濬其源而橫溢易滋其害排之者所以去其壅焉想當年記

其入者且與沂並會矣則臨淮浦而念禹功而後世平淮北之夷者猶推如漢之威靈也故排自徐州而蠙珠可以入貢亦排於揚境而彭蠡並見既瀦修泮閟以銘功一則曰淮夷來同再則曰淮夷卒獲頌之言淮者屢矣儻不從下邳以通其委而蓄滯易潰其防排之者所以去其塞焉迄於今有常貢者且沿海可達矣則詠淮墳而思禹績而後世平淮南之夷者猶歌漢水之活滔也故排之以分疆域而橘踰於淮則為枳亦排之可占小屯而雉入於淮則為蜃然則淮既排而漢之下流可合即汝之與淮合流者無論矣更排入淮之泗而南條之水無不治

漢

小題精選　周學程

治及於漢可與汝而並决矣夫荊之爲患者漢也禹繼汝而用决焉治水之功烏能已於漢哉且自汝水介於東南凡所謂天息儲其氣溱洧噴其沫蔡潁噓其潤者爲患已不可勝言矣乃有不與汝水合其流而實與汝水同其治則一時之因勢利導者又未始不煩神禹之經營也吾得由汝而論夫漢夫稱南國之紀者非漢也耶而當夫嶓冢東來發源早歸於莫禦使非順行有術奚以奏乃績於衡陽抑爲楚國之望者非漢也耶而當夫滄浪蓄勢支流更出於不窮使非治滌有方何以免其魚於雲夢是漢固荊之一大患也禹能無繼汝而决之哉有因乎舒

而用其決者念自武都以內其為地也較平平則漫衍縈紆四散焉而莫窮其勢吾見始也合同於漾而源遠流長繼也別出為潛而支分派異禹惟導之以歸凡漢之橫放於平原者已漸有底定之勢也而何敢忘其濬導與有因乎疾而用其決者念自匯澤以遥其為地也最下下則瀦洄渟瀠一潰焉而莫遏其機無論或經於洞庭而奔流不息或會於彭蠡而浩瀚無歸禹第治之以疾凡漢之激行於下地者自不至奔騰為患也而何敢憚厥勤勞歟且夫登荊山而察土宜田則分乎下中賦則登於上下而溯未決之始初無暇別其土宜矣夫以漢之泛濫難治也襄沔盪乎其中大別承乎其尾禹也乘其機以利治而內方之地較治汝之力而倍覺其艱讀禹貢而稽物產金錫崇其

三品箘簵貢於三邦而憶未決之先亦無暇詳其物產矣夫以
漢之橫流無外也七澤既莫區源委三湘亦難辨異同禹也行
其派以施功而鄂渚之區視治汝之勞而益形其鉅雖異日者
士女謳思雅化遠推於漢廣此則楚之所以興歌也而當年壅
滯未闢早引泪漳以為患即今日者荊蠻蠶食諸姬已盡於漢
陽此沈璧之所以為災也而當日滌源伊始實偕汝墳以奏功
禹之繼汝而決漢者如此嗣是東南之水可得而平矣
論有本原詞無枝葉

漯

新穎集　任升堂

水有附河為患者、當與濟並淪矣、蓋漯出於河、而附河為患於兗青者也、漯不治即河終不治、禹所由與濟並淪哉、且天下之水、有幹流有支流、説者謂幹流難治而支流易治、不知分合無端、隨其横行所至而依附以自雄者、且更能挾而為患、是亦貴順其性以疏通之矣、有如北條之水、河為大、濟次之、河既疏濟既淪、禹殆可無勞心乎、而未也、猶有漯在、今夫漯河之支流也、閲嘗考之河、自積石至龍門、自龍門至大伾、水慓悍地數敗、禹乃厮為二渠、厮者分也、一北流為大河、一東流即漯川、後人不知、乃以為漯出高唐者非也、且漯之為水也、始於兗及於青、其在武陽則與濟近其在濟陰則與河近於是世之說者曰漯河濟之別也有自河而入濟有自濟而入河重爲二水之累故名曰漯抑知漯受河不受濟是說也余未信之獨是天下之水皆出於山河發崑崙濟發王屋其源遠故其流長其勢高故其力勁而漯獨上承大河亦祇與灉沮沱潛等耳何足與濟例視者不知濟能截河而過漯亦能助河爲虐藉使忽而不治將奔騰衝激害直與濟同禹曰吾其以瀹濟者瀹之抑余於此更有感焉中原之地兗青最卑河熾於北濟橫於南而漯介居其中又與濟相通禹苟不與濟並瀹其能過郡三行千二十里而至於千乘也哉迄今溯貢道者咸曰自濟而浮漯自漯而達河而亦知當年禹之勞心於瀹者固猶之濟乎蓋至與河濟並注於海

而兗青平矣。而北條之水。亦於是皆平矣。
原原本本支派分明知於禹貢蔡績功深
簡而明了了而當迴異率爾操觚者

漯而注諸海決汝　　觀海集　林國賡

粤稽穆王東征食馬漯上說者謂厲民自逞無以續汝墳之緒焉顧向千乘以朝宗清濟濁河並著馬常之境而望三屯以利導深巖竇峪逕適狝白之谿實啟東門而流分西嶺然後數通山下之瀆而收效揚墟者亦揚瀨上之波而施功柏谷矣疏河瀹濟禹之治水亟矣顧吾思河南與汝南並紀而漯南亦著其名濟陰與汝陰同書而漯陰亦無其號夫豈謂汝濆河濟釋水既詳遂可畢其功矣乎蓋漯又當瀹矣非不知漯逕黃溝較之汝會蔓溝獨有安瀾之慶第以望清河而振欒鸞城之渤澥依然撫臨濟以登舟狄水之注洋可駭七百里蕩平淼淼夫豈易海晏濟賡也而浚瀹既

有其方則漯陽徵大壑之歸亦漯沃紀天池之納非不知漯通河澤較之汶趨北澤獨興向若之歌第以注濟者枝津望蒲臺而浮天無際截河者武水對華亭而拔地爭迴二百步加睦迢迢夫豈易海漸同慶也而開瀹既呈其效則東阿之漯無所濫亦北城之漯得所歸至是而漯注諸海矣漯且並河濟注海矣雖然天下水皆發源於山無論發大盂為汶發王屋為濟即河出星宿海而積石亦著其重源獨漯為河之旁支不發於山史稱禹廝二渠其一為漯說者謂其小而易制焉抑知漯自高唐以西則河南而漯北自高唐以東又河北而漯南況梁鄒之間漯與濟相奔溢書曰浮於濟漯紀成功也設當時不瀹治之恐章武沖瀜海入濟之故道已失琅槐澎濞濟入海之故道復湮其何以漯慶平原無異汶號

平與平然汝亦天南大水也禹惟時其決之汝之名别為流而奇
雒之巨浸已張夫曰龍陁曰龍淵南流可怖曰鮦陽曰鮦水東出
堪虞故無論汝界河南不啻漯亂河中彌著附依之勢而即此登
狼皐以眺望何以海若靈承也惟以決定其宗則南遷成安泉城
之稱可不設東出蒙谷天息之說可從删坊汝之流别為濴而堯山
之洪波方壯夫曰北皐曰黃皐魚齒助其奔騰曰窖陵曰葛陂雉
衡增其礬礦故無論汝承濟下不啻漯分濟瀆彌伸互吐之形而
即此入鹿縣以鈎稽何以海邦奠定也惟以決窮其委則南通上
滎澺水之說可旁參北走菑谿涓水之傳未為誤要之流通萬焉
漯滓不顯其功沫噴伏牛汝阨聿昭其績更觀決漢禹心益勞矣

熊掌　沈德潛

物不盡於魚、而尤美者可舉矣、夫熊之有掌、世共知其為美也、所以因魚而遞及之、且物以罕而見珍、味以異而增重、使有常御于前者、而沾沾焉詡已擅厥美也、亦未知大美當前、有出於庖人意計之外者矣、試由魚之可欲而進思之、退而結網、鮮可求矣、進而掩群獸、亦可羅、君子有酒、不徒供鱔鯊以明敬、問諸水、献鮪可登矣、徵諸山、虞猫亦可薦、飲御諸友、豈惟籍膾鯉以言歡、夫不有熊乎、而熊則以掌聞、天之賦掌于熊、亦使之適全其美也、而豈意不克自全者、正以賦之有獨珍也、人之利其掌者、誰弗為指其掌乎

同此視却最要自典雅

感喟深宗

典制倍類初編　物集　飲食　八四　孟子

鍾厥美者喪厥軀是入明王之夢者而忍為然人之獻矣猶兔首之燔炮而已熊之生而有掌未嘗不深愛其美也而豈知所以自斃皆正以已之過自惜也向之特有掌者今復能運諸掌乎矜厥美者累厥身是協太人之占者而忽入饔人之饋矣猶象齒之焚身而已胹蹯不熟殺宰夫以買奔口腹之害人至斯極即向使烹魚而失宜未必遽輕民命也惟其為熊掌也宮甲被圍請食蹯而後死需時以望救卿巨記乎向使魚臛之常味恐難據以藉口也惟其為熊掌也物類之不一也熊掌未陳水族亦為佳品及既已得魚而貴重者久在山珍矣茲修言頌首更當進熊掌為詩羞烹

飪之日異也，未供熊掌、和調祇及小鮮，及既已烹魚，而羹齊者又在大烹矣。鼓華尾與歌，尤當引熊掌為奇味，得自山林，調諸鼎鼐。在進食者，幾懷鮮毫染指之心。（列，底。亦。鮮。）一品高六飲，選重百羞，即旁觀者或有羊羹不與之恥，而我有投箸而起者乎。

胸有卷軸，善于驅使，故隨意点綴，自爾色色鮮明。哲匠用筆，畢竟高人數籌。湯修来

点綴處有生動之致，運用処有奇崛之氣，嬝娜剛建，得力于風騷者深矣。

附考

埤雅云：熊似豕而大，黃白文，長首高脚。格物論云：熊能攀緣上于高樹，見人則顛倒自投地而下。俗云：熊当心

有白腦如玉。味甚美。俗呼為熊白。冬蟄不食。飢則自舐其掌。故其美在掌。

附釋

鱻薨 見周礼。鱻生也、薨乾也、

鱠鯊 小雅、魚麗于罶、鱨鯊。君子有酒、旨且多、

膾鯉 小雅飲御諸友、炰鱉膾鯉。

兔首 小雅有兔斯首、燔之炮之。

象齒 左傳象有齒以焚其身、賄也、

胹蹯 左傳宰夫胹熊蹯不熟、殺之、寘諸畚使婦人、載以過朝、

宮甲 左傳楚太子商臣以宮甲圍成王、王請食熊蹯而死。

魚臛 有菜曰羹。無菜曰臛。

須首 小雅魚在在藻、有頒其首、又有莘其尾、注頒大首貌、莘長也。

染指 鄭靈公、食大夫黿、召子公而弗与、子公怒、染指于鼎、嘗之而出。

羊羹 華元殺羊食上、其御羊斟不与、及戰曰、疇昔之羊、子為政、今日之事、我為政。與入鄭師故敗。

熊掌　　金廷珪

物有以掌異者，大賢爲類及之也。夫熊，獸族也，而異獨在掌。孟子區魚而勢及之，殆欲援爲發論之端乎？嘗思毛蟲三百六十屬，而味之美者不恒有，亦不易致。乃以不恒有之物，極其不易致之選，而衡論者必及焉。謂是珍逾百饈，貴惟一體（菜切掌字），其不容以尋常相混者，正未可淡然忘之矣。如所欲在魚，魚之外復有何物乎？冬右腴而夏右鰭（風流情精致然王者），魚豈不堪以適口而進御？有經備欲於山林巖谷之所，添其肉食。飲韓侯而蒸，張仲魚豈不足以延賓而充庖？有則更得於骨角齒牙之毒，割其股肩。是故偁其物曰熊，指其美曰掌，而熊

掌之名籍々矣淵渭水投綸之日意在得魚而非熊忽徵其卜是
豈兆協禎祥而掌乃困以不廢蹯頤熊亦奚取於掌哉皮貢華陽
不聞戎其腁而入獻候張璽圖初非畏其足而先登則熊之有掌
或僅等於豚肩兎首共佐盤飧而非必謂異膳奇珍之足貴也未
可知也憶大人占夢之時象在多魚而維熊已呈其瑞是豈吉符
似續而掌乃為所必衛歟顧掌亦何負於熊哉時雖蒙於赤斛六
敢煩指臂之勞表服誇於舟人未許藉持行之飾則掌之在熊或
類似於象白猩脣雞跖供七箸而非必謂取血啟毛之至便也未可
知也宜天下不乏軼材則熊掌寧遂為獨絕而何以狀比越椒贈

天苑比奇葯。貽韓結品題所及早爲族類振其光以故穴氏有火攻之典而折其右肱夷其左股知不類鹿豕爲禮之常賢王不貴異物則熊掌頓挫縈紆腴結風韻大來帝遂足還奇而何以食蹯有請置番堪傷好尚所闕寔與庶彙殊其產以故盧人有繳市之規而授之膳宰登諸几筵更不同虎兕冊冊多之例然則居今日而有以熊掌進者我固將爲胹之烹而且得觀顧之朶矣而如謂所欲之不在是也豈人情乎

緊從掌字着想是擒賊擒王射人射馬手段至其引用卷軸而運以巧思鴛鴦繡出熊熊有光可以益智可以饋貧南山掌絲典贍而以風韻出之乃不同書鈔也意新而穩筆古而腴足徵

腹筍便〻〇許慎旂
右腴〔少儀〕羞濡魚者進尾冬右腴夏右鰭肉食〔左莊十〕劌曰肉
注羞進也腴腹下肥處鰭脊也音其食者鄙未能遠
謀韓侯〔大雅〕韓奕篇韓侯出祖出宿于屠顯父張仲〔小雅〕六月
餞之清酒百壺其殽惟何炰鱉鮮魚篇飲御諸
友炰鱉膾鯉侯誰〔說苑〕呂尚釣渭水西伯將出獵卜之曰
在矣張仲孝友非熊所獲非龍非彲非虎非熊而王者之輔
也熊皮〔禹貢〕華陽黑水惟梁咸〔易〕咸卦六二咸其[illegible]
州貢熊羆狐狸織皮腓腓注腓足肚也孔子
射于矍相之熊侯〔鄉射禮〕凡侯天豚肩兎首晏平仲豚肩不揜
圃觀者如堵子熊侯白質豆〔儀禮〕少牢饋食
引兕占夢〔小雅〕吉夢維維魚又〔無羊〕篇大人占之蒙熊皮〔夏官〕
首何維熊維羆衆維魚矣寔維豐年方相
氏掌蒙熊皮帥百吏而時儺熊裘〔小雅〕舟人之象白猩唇〔呂氏〕
以索室毆疫注熊取其猛也子熊羆是裘春秋
肉之美者狌象之白猩〻之唇越椒〔左宣四〕是司馬子良生子
獾〻之炙雋燕之翠述蕩之腕越椒熊虎之狀而豺狼之

声韓姞（大雅）韓奕五穴氏（秋官）穴氏掌攻蟄獸以時獻其[illegible]家
章有熊有羆穴氏珍異皮革疏熊羆之屬冬、蟄
為禮（禮器）居山以魚鱉為禮居澤以食熊（左文元）楚世子商至
鹿豕為禮君子謂之不知禮以宮甲圍成王、請
食熊蹯而（左宣二）晉靈公不君宰夫胹熊蹯不斂市（地官）
死弗聽寘畚熟殺之寘諸畚使婦人載以過朝塵人
掌斂市凡珍異之有滯也者斂而
入于膳府注珍異熊白熊掌之屬

熊掌

熊掌亦我所欲也

江南林宗師科入　郁序爵
崇明縣學二名

熊掌亦有可欲、其味多於魚矣、夫熊掌之美、誠非魚之可比也、言乎所欲、不亦人有同情者乎、孟子意謂、從來言美味者、不曰海之錯、則必曰山之珍、是求奇羞於異類、當又是以移我情矣、豈曰但問諸水衡之所司、而不必進山虞之所掌乎、然則我之所欲者、豈第魚而已哉、夫魚固味之美者也、取於江湖、調於鼎鼐、吾豈謂志不在魚也、然魚非美之尤者也、既有水族、復有山肴、吾寧謂魚必滿吾意也、夫不有熊掌乎、物有以少為貴者、熊掌固物之少者也、夫以熊之美、而特聚於掌、固超乎絶鮑及鱗之上者也、誰不思以之朶吾頤乎、物有以

（黄犖亦中）

異為珍者熊掌物之異者也夫以熊之美而莫厚於掌實出於魚鱉膾鯉之右者也誰不願以之快我口乎何也亦我所欲故也胹熊不熟宰夫以此見誅矣惟其為欲之所存故以不熟為罪也不熟置熊掌於魚之側人盡欲之而謂我獨不欲乎（竟然亦可）亦以無是情熟熊為請楚君因是不免矣惟其為欲之所存故以願食為祈也不然列熊掌於魚之旁我既欲之而謂人願不欲乎亦必無是理未見熊掌（相形妙手）但覺（有）嘉魚（筆）之可羨既見熊掌不棄魚麗之可歌昔之燕張仲者想亦不知有熊掌耳苟獲知焉當（丹醒亦字）亦酌言嘗之也不遇熊掌爰羨多魚之是陳既遇熊掌焉用（趣致橫生）於魚之是索昔之饗韓侯者料亦未計及熊掌耳一

訝及駋當亦樂搦嘗之也夫熊性剛而産於陸亦猶魚性慓而産于淵而我既亦欲之也何妨水陸之咸發然熊猶于山而鄭為餚不若魚釣于水而易為餌則我雖亦欲之也安望川原之畢獻若是乎兼之難也然而取舍分矣

步〻借魚作襯漾得亦字之神預伏難兼之地言無根據則謂之俗而不知艷亦是俗也原評稱其點染不俗非點染即能不俗也蓋有愈點染而愈俗者故有是評也恐人錯解點染不俗四字特被之瞿曲齋

熊掌　洪陞元

物不盡於魚而尤美者可舉矣大熊之有掌世共知其爲美也所以因魚而遞及之且物以罕而見珍味以異而增重使有常御於前者而沾沾焉謂已擅厥美也亦未知大美當前有出于庖人鼎鼐之外者矣試由魚之可欲而進思之遞而結網鮮可求矣進而掩羣獸亦可羅君子有酒不待洪贈獻以明敬也問諸人鱣鮪可登矣徵諸山虞猛亦可薦飲御諸友豈惟鼈膾鯉以言歡也夫不有熊乎而熊則以掌聞天之賦掌於熊亦使之適全其美也而豈意不克自全者正以賦之有獨珍也人之利其掌者誰弗爲揹其

繳卸處亦文雅宜人

兩字拆開換出姝美

掌乎鍾厥美者褻厥饗是入明王之饕者而忍為獸人之獻矣猶

（寓○恣○雅○飭○）

禿首之燔炮而已熊之生而有掌未嘗不深愛其美也而豈知所

（天○姿○比○副○）

以自斃者正以已之過自惜也向之恃有掌者今復能運諸掌乎

（点○化○工○妙○）

矜厥美者累厥身是觴太人之占者而忽入饕人之饞矣猶象齒

之焚身而已騎噹不熟殺宰夫以實香口腹之害人至斯極耶向

（帶上○東○說○法○下○）

使烹魚而牛宜未必潦轅氏命也唯其為熊掌也宮甲被圍請食

蹯而後死需時以望救聊自託乎向使魚膾之常味恐難據以藉

（淺○熊○掌○起○帶○上○而○不○滯○士○）

口也唯其為熊掌也物類之不一也熊掌未陳水族亦為佳品及

（伏○脈○含○意○）（以○首○尾○關○會○）

既已得魚而貴重者又在山珍矣故後言須首更當進熊掌為特

饈烹飪之日異也不供熊掌和以鹹紙及小鮮及既已烹魚而羨既

珍小鮮大烹工絕

肴又在大烹矣故華尾興歌尤當夸熊掌為奇味得自山林調諸

旁觀

鼎鼐在進食者我懷鮮黿染指之心品鳥獸選重百羞即旁觀

社莊殺羊食士羊羹也

者或有羊羹不與之恥而我有投箸而起者乎

帶定魚說隱為取舍伏脉未許泛然賦物藉口多多孟藎也原評

甲二比就掌字搜剔後則股股闌註取舍集翡翠於蘭苕掣鯨

魚於碧海小題至此真足不朽

熊掌　洪

維人之命　陳遷鶴

言至誠者終引詩若深窺在天之原焉夫天命者中庸所以見性而詩人言天亦咏及之至誠者欲深繹之故先引之今夫至誠無息而極之配天以處天之下者唯至誠耳然而處至誠之上者維天故稱贊所及不但後人多揚厲之詞即古人之入廟告功者亦如此形容焉擬議焉且不以形迹窺而以精微求也洵可見舉之以觀其意之所存矣茲有會於維天之詩夫維天之詩豈專爲稱天而作哉一想詩人當日有與天同體者在其意中故曠然企仰觀之際謂非此似之也乃舉似之而會於廿

有本領語

太史家藁

而若可見於流浩浩焉遇之矣抑詩人當日
用者在其意中故悠然於寘漠之表謂非此不足以證之也乃引
證之而通於其故覺不可名而若可名於賦送者而曠曠焉有感
矣詩所言不以一詞竟而先有曰維天之命以天之降衷於人也
蒼言於人之[illegible]
必有所命以爲宣錫之公然此乃命之賦於人者耳而非天之自
立其命詩人知之謂大生者維天曷如者維天而至於大生者無
弗生曷知者無弗知固有命焉維持於其間也是故不僅以天言
天而以命言天其示人以精深之旨也有如此以天之[illegible]見於物
亡必有所命以爲形氣之同然此乃命之賦於物者耳而非天之

主其中詩人知之請益真者維天至大者維天而至於高者有
以成高大者有以成大固有命焉以統繫於其際也是故以命言
天不僅以天言天而引人以幽深之義也有如此然則詩言天命
易曰天行果有異乎夫言天行取其理於衆見言天命取其理於
（處解精粹）
獨運使但言天行而不原諸命恐以所行者皆涉於氣化之迹矣
是詩之言比諸易而更進也彼觀天之上有謂上古之天可信後
世之天難憑者亦未知命之在天何如哉即詩言天命書曰天道
（更自精微）
果有異乎夫言天道求其理於繼善以後言天命求其理於成象
以前使但考其□□□溯諸命恐其所爲道者皆山

[illegible]

矣是詩之言視　更精也○彼測天之家有謂

終古之天未必如是者○人未知命之在天何如哉○更味其言之

穆不已○乃得仲吾之由繹焉○

極幽深題說得如此透亮人嘆其筆之快吾服其識之精 周之

佚

維天之

緇衣羔裘素　三句　韓菼

裘之裼也如其裘焉夫衣以裼裘而可異裘乎緇素黃自各如裘色

坐位○裼衣便切

云䄜之禮于公門表裘不入襲裘不入蓋朝于君必裼也而執玉則

何焯按卿特牲列惜祭潤川方介卡服那叔明辯

有藉藉則必裼惜素裘也順成之方宜務其服則亦裼是故衣之裼

○謙珠悉

也詳于是三者也然嘗考之裼所以飾也有美而文之之義裼所以

○裼○字○使○有○意○義

敬也有揭情盡慎之宜詩曰彼其之子不稱其服子之不裼也蓋取

○照○注　○爭○好○

稱焉又司其儀一兮心如結兮子之於裼也蓋取一焉羔裘視朝君

○扶○重○衣○色○

則然而卿大夫士亦然三英粲兮美敢不見與然果何所裼以彰小

○分○知○其○求○有○典○惟○處○飄○之○艷○舉○原○批○藉業倒讀

臣委蛇之素有諫于自公者也色視羔素麑受享君則然而臣之于

本朝房行書瑯雅集　評　慶

聘亦然庶實陳矣服敢不衷與然果何所裼以明吾君束帛之好有樂于相將者也色視麑狐裘以朝君則然而臣之于蜡亦然蒙戎飛矣采菽不列與然又何所裼以見兩階方社之遺有嫌于彼都人上者也色視狐則緇衣于羔宜楷羔裘之制飾則豹也緣則素也裼何緇乎瀰緇取象於大臣之義也樸北面之儀者先之倘謂其明國君〔緇素黃多奇穢明何乾以翻案為〕之好賢國猶其後焉者也紫衣于麑宜稽麑裘之制褒則青豻也裼則紋衣也何獨于聘則素乎爾何以受采忠信之質也結兩主之歡者尚之藉曰類麻衣之如雪固非其所嫌也已黃衣于狐宜稽狐裘之制君之裼則錦衣也臣之裼則玄綃衣也何獨于蜡則黃乎時黃

者中也元吉之義也告萬物之成者象之而至于近羽夫之草服固非其所恤也已嗟夫禮之失也奇衺進僭擬生焉毀矣纓緌矣冠之紫綾也朝服之縞也其混焉豈可勝道君子嚴等列招文章明制度自衣服始故詳記之以存裼裘之制

古人文多一意翻作兩段說正欲其劃析領繼義乎為六句不祓而語亦悄矣合駭萬物而索饗之則曰蜡以息物也皮弁素服為物老而將終矣既蜡之後臘祭先祖五祀以息民也黃衣黃冠象季秋之草木黃落矣蜡臘有別而傳註時或統言之曰蜡以箪三句為蜡服固亦無害但云順成之方宜充其服則或非取象于

黃之義　吧臨先生

題重衣之稱裘多薈萃裘制以炫博皆為盲語之猶于上二字各有發明冶從典核布格新異周宜一時變動歷劫常新精義伊川謂緇衣等各有用不必云緇衣是朝服黃衣是蜡服然卅太引據甚活初不執着也

隱者也

仇兆鰲

聖人深知隱者、閔言而想見其人焉、夫隱豈夫子之所樂乎、乃丈人則閔隱者也、就其人以指之、而意深矣、蓋閉天地閉賢人隱士之隱也其（有關世道）世之衰乎、夫時當流極、有心者未始不可用其挽回、而志存避世、飄然長往耳目之間何多其人、如子所言、毋乃是耶、方其邂逅田間而勤四體分五穀、輒以不入耳之言來相詬詈乎、應罪然自失、不復識其為何（是前休爲）丈人至于流連中夜而陳雞黍見二子、不啻極相知之雅、共叙綢繆、子（出語不迎）亦且翛然並坐、而不暇辨其為何如品、由吾思之、雖笠接輿之狂態、而頗同沮溺之潛蹤、蓋隱者也、昔者聖王在上、而潁水箕山縱逸壟畝之（既着有此二種）外意府物激清隱固有秉于性者欲而騁衍為處士之盜名則丈人狹

非其類想其鋤而耕雲長為農夫以沒世則是[illegible][illegible]可謂而孤立
之行偏不可回偏亦性甘肥遯而然耶彼姝者子殆易所稱幽人之貞　悠揚有致　提
者也若者賢人在下而衡門縣澗嘯歌林泉之中意去危圖安隱固有
是偏要丈人之志
遠于時者欲而但指為烟霞之痼疾然丈人亦非其倫想其岩栖谷處
狹與通客桐周旋則是泉可娛石可媚而交際之情尚不可忘倘亦慎
用世遯世兩下
時為驕而然耶所謂伊人殆詩所咏十畝之桑者也在丘也功名富貴
心事與形而出
實足攖心而不避風塵之勞疾非不能隱不忍隱也而丈人何其愬此
念美人之不作花跡蕪茂清風誰足千古而要為天壤無用之人即由
也東西南北良亦儘遊而不辭杖履之迹隨非不欲隱不容隱也而丈
人何其畢也果行路之多艱寄情遙輸高致自軼寰中而要非吾儕救

時之念鳴呼韜光遯藪全素履于丘園卓哉斯人之隱也深處泥蟠置蒼生于度外惜哉斯人之隱也由也為我招之滔滔天下庶幾其有与易耶

尼山師弟勞勞道塗意不忍隱淪忘世耳乍聞文人踪跡一面嘆其高風一面欲招之入世宣聖苦衷文能宛委寫照

下論　隱者也

隱者也

四川王學院歲入　魏長發
松潘衛學第一

聖人品隱世者若為其隱惜焉夫春秋時之隱者亦多矣丈人豈其流亞與謂之為隱許之也抑惜之也想其語子路曰異哉爾之所遇乃有若人哉夫或出或處人類亦至不齊矣然向亦謂天下甚大未必在在皆然孰意道左彷徨之際而相遇者大抵如是吾聞子言吾知其人矣一夕淹留曾不作車前之趨避此其事為何事乎想殷勤以進食直欲以田家之況味傲汝征人萍蹤乍合亦不若耦耕之忘情此其言為何言乎思父子以延賓一若以獻酬之優游聊徵至性殆所謂隱者非耶巖廊之共理原不可以無人

即對下不仕無義

是開端

語已為也字着神

原評即事以推見其隱

○與○末○節○意○激○射○　項首節　對下廢君臣

而彼寧念及於此耶○惄然一往○則從容而荷鋤已費○有軒車免我

之之○義

意人民之望澤原不容以他諉○而彼寧計及於斯耶○有抔而逃

項次節　對下道不行　○堅○字○已○對○斷○下○節○

則家食以明志已覺奇泉石親人之思其志則甚堅也其行則甚

峻也○烟霞痼癖雖非我之思存而浩乎自適固非僅屬農家者流

○峯○致○秀○逸○　對繫身

也閑閑之十畝可想其居也洋洋之泌水如見其心也獨善窮居

雖非吾之所樂而峙然不屑固非僅與無奇者等也○箕山穎水昔

以古○之一

隱○者作觀

之人以隱名者多矣○而此哉欲為其徒在澗在阿詩之內以隱傳

○又○合○久○隱○者○作○觀○　對○下○

者衆矣而茲殆欲為其侶置之於晨門之列而抱關擊柝似猶多

○廢○君○臣○之○義○　○對○下○道○不○行○

一命之縈雜之於荷蕢之儔而聞磬知心又別有相賞之處皤然

而貌古人第曰此老者（翻隱者）也而不徒以老稱也山之巔與水之涯與（有）盖令（韵致）我有高士之思也子然而寡偶人或曰此（翻法有淺深）賢者也而并不必目為賢也葭之蒼與露之白與盖令（并外使反見意）我有伊人之想也夫懷才未試誰則甘居為隱者而丈人乃獨於宇宙升沉之故竟不一關心焉斯其志為何如哉雖然隱則隱矣吾獨惜其果於忘世而已矣

文情秀逸能以姿致勝人　汪學軒

此隱字不當泛入高蹈遠引等語只當指不仕無義徒知潔身不知君臣者說如祗云高蹈遠引予路生平所見儘多是門沮溺之徒豈尚懵不之知必俟夫子指點始悟耶又三字中含蘊

瑶林集　論語　灏總諸也

無窮下節語全從此句內推衍出來觀本註欲告以君臣之義後註述夫子之意兩句便自瞭然設非於此句內豫蓄斑家意國意則子路何因遽有爾評語若出自己見又曷不早傾吐于止宿時乃待反見後耶慧眼獨能領潔身廢義意總使下文之言有所自來反見之後有所自遣從來認題無此真切筆意後洒然脫俗。隱者二字聯讀隱以其行言者指其人言也或評此文能醒出者也神情毋乃誤認者字為虛字耶深恐再誤來學故附及之　黃孝存

題解向來憒憒得吾師評始曠若發矇文之妙處亦出矣　揚又泉

第三十四冊 卷一〇一

駟不及舌　　王步青

言不可逝、重為失言之君子惜焉、夫言之、既逝、駟可及乎、奈何以君子之言而重為人所惜也、子貢曰、天下惟是泛泛悠悠之口、無足動人聽聞也、其無端而忽發也、莫察其由來、其一縱而莫收也、孰追其既往、有置之不論不議之列而已矣、而有如今者去文存質之說、豈不居然君子哉、惜乎夫子亦既言之也、夫天下深心之士、能發必計其能收、而過激之談、要言不必其要聽、向使夫子能司於未言之先、而逆計於既言之後、吾知是言也、夫子即欲肆然出於吾舌而有所不能、然而夫子方既言之、吾烏知夫子不旋且

對上君子句關

矣○抽出君子八惜乎○恰領題氣籠子收駁○○緊承棘若子○

轉之之

趁勢折入此則斡字訣

敦復堂稿　論語

悔之夫子既且悔之吾又爲知夫子之不殆欲追之悔之而謂有言不如其無言也自怨自艾之心未嘗不可見諒於知己乃悔且追之而謂既言一如其無言也人綱人紀之責亦將何以解免於傳聞孰使夫子奮舌而伸獨斷此非曰吾弟託之空言也登高而呼出乎身則已加乎民矣發乎邇則已見乎遠矣舉千百國之人心風俗胥旋轉於片語之彙皇而豈惟一日而千里孰使夫子騰舌而先民望此又非曰人將若國聞知也正襟而談上爲如抗則聲聞於天矣下爲如墜則聲聞於野矣舉千百世之運會乘除胥決裂於一言之發憤而遑恤中路而後馳當斯時也亦使造父展軼

虛觀二層說無可指方入正位

騰之挪之而起

都緊粘着

到此一氣捏出真覺怒上

佳處
王良執策駕駟牡之孔阜追不及之是也亦矣哉亦矣及哉一蓋君子立言持世可也憤世不可也持世之言要以定故遠猷辰告而天下莫不奉若神明憤世之言發以激故投袂疾呼而四國且競噬為口實賜安得不重為夫子惜也

如瞶瑞木氏侃侃而談字字驚心動魄此為下筆有神錢舒軒

須緊蒙君子也三字看想乃使歎惜之神分外警策但從講言不可逝只好隔壁聽耳前半折旋宛轉正妥取題脈於翕張離合之間程墫識

駟不及

賜也始可

王

微雲淡河漢。疎雨滴梧桐。文品清遠。令人體靜心閒。他手着一支離晦塞語。題情便隔矣。唐端士

骨氣清超。機法細膩。熟逗上節。妙在不即不離。使氣矜才者。皆當讓一頭地

賢者辟世　一章

己未　馮成修

羣賢相率而遠引、惟其時之所值而已、夫行道濟時者賢人之心也、不得已而各有所辟、其所處固有不同者耶、且天生聖賢凡以爲天下也、而聖賢自處又未嘗忘天下也、乃天未欲平治天下徒使一二賢人君子淪落摧殘、因而竄爲陂陀易轍之計、嗚呼其心亦已苦矣、蓋顯晦用舍、常人以爲取富貴之地、則進退無以自明而出處去就、君子獨能窺身世之原、則從違不難立決、自今觀之賢者之自處與當世之所爲、蓋無一而可者也、其概然各有所辟也、固已紛紛相繼而起矣、觸目皆晦盲之狀、入耳盡阽危之聲、既

以大慈運題古氣崢嶸

浩直慎行識盡時文對

扶辟字之根

提領

爲隱憂以冀意外之遇必無望也原鵷求伸吾具依然其可用賢

此名遇實○義字王堅○七

者之辟世然矣之觀其政則綱弛而紐解撥其勢則殆如而乖皇力

鄒虞以受局中之困必無濟也瞻烏爰止彼國或可以有爲其

此上一賢海意余選○

次之辟地然矣之授餐適館原屬世主折節之虛文然使隣觀亦有

所不修恐款洽既疎淩辱將旋踵也其次辟色即拘縻之情禮猶

不能常邀耳巽語卑詞豈即從容論道之高節然使謀此亦有所

不合恐齟齬之傷斥逐將不免也其次辟言雖聲氣之暫接尚不

高吟○長嘯○出○岳○物○擬

可多得耳抱旋乾轉坤之偉略徒蹣蹭于高天厚地之閒于彼無

所施其長于此非由見其志慮實鳳舉聊以求一息之安賢者行

負于斯人而所遭乃至此極撫有限之光陰盡消磨于焉寄

騷之幽史之深悅悲遇之華墨間幽憂之雅翔江上

車塵之下九州皆無所遇一身幾無所容瑣尾流離迄不變于生

之節當世何惡于賢者而屢試乃至輒窮嗚呼天耶人耶賢者亦

[illegible]青

安之而已矣

結撰蒼堅運筆橫老讀至後幅如高山大林龍變虎躍極天下

之奇筋　殷會詹

鐵幹虬枝正極娬媚而賢者用世苦心亦處處暗香浮動毋徒

望而心怖　紀曉嵐

播鼗武

上江池州張郡尊　考取青陽二名　甘騰蛟

鼗有專司，其人又可想矣。夫既已有鼗，必有司鼗播者，武也。為此其亦與方叔異情與？（借映大船）且國有伶官，非皆欲播其雅音以紀一代之功德者乎？頌大樂之宣播也，宜合衆人之力，而一器之揚播也，自有專守之功。即其事而溯其人，蓋有與代鼓之方叔可並論者。（從鼓出發）（實核）夫鼓以君樂，而鼗實佐之，鼗非樂中之重器哉？考之周禮，鼗與鼓並掌，一官而司播者，首瞽矇，次眡瞭，大抵贊陽出滯，使雅化之得宣者胥是道也。屬在魯伶，當必有人以任乃職，而豈虛懸是器致殘缺而無考乎？（從播字呈起武字文勢紆盤）由今思之，持其柄而宣奏者何人之專長也？隨乎鼗

而唱和者誰氏之職司也憶斯人也其與播鼗之音毋亦在雲山悵望間乎而名之同方叔而傳者猶卓卓可紀也蓋嘗以武著稱

慷當以慨踵吳欽酌

云且夫武也而竟播鼗乎哉既不能立名身世潘大業于人間後

形容播鼓不可移作上下

不能銘績鼎鐘播芳聲于後世而徒使操尺寸之柄僅在此一藝

句用　更將諸伶回晃

一事之微武苟有情誰能遣此又況環碩同列其接踵而去者已

反照下意稠稠歡洽

在蕭條寂寞之濱此時更難為懷也然武于方叔未去之先審音

仍收到本位分毫不溢

而知樂無非執其事以安其常故猶以播鼗特傳爰稽其時應手

摹寫播鼓字字確切字字與題黏

而動其左右之交節者覺轉圜之甚易也操柄而鞞其鞞木以相

發揮更妙異想天開

諧者復響應之無難也且反覆之狀既不至簧鼓乎人心而變幻

之形要自可調和乎音律詩云鼗磬柷圉以奏于周之庭若武亦

方迫下文

知之素矣意者入故府而考宮懸鼓鞉遠而佐乎鼓者其猶洋洋

在耳乎乃不意一轉盼間而緬彼伊人已飄然逝矣

意義層出典核中復極跳宕是為逢府之技　原評

純從播鼓二字生情作態字字確切字字典雅並借鼓陪鼓借

方叔陪武恰是全章中此三字題文字下意不擊自動氣清詞

華風神蕩漾允為小試利器

播鼓　甘

播鼗武入於漢

乾隆壬申　李祖惠

再舉入漢之人、音與鼓而俱遠矣、夫播鼗有武、所由與鼓並美也、其入于漢也。猶方叔入河之意也。夫自我周化行江漢。採風者以鞉播諧笙。綫重不遺。鞉大不辭細。故有蹈分鼓鼙之餘。法神考擊。之外。世掌其物以習其教。六鳥容令。其默爾以去也。夫鼗也者制始於帝嚳。而於用特奇。動之有待於人。擊之還假乎物。位並於柷敔。而義形特異。有耳焉、足焉、以揄人之手。有柄焉、仍以應彼之機。所謂播也。其人曰武。將終於鼗矣。天子以鼗賜樂。而武寔司之。倘以存望國宮縣乎。乃大樂將沈。細寄奚惜。鼓已寂於廷。鼗何復喧

（大拊石並）（首抑揚妙）（俯仰作作　細處照唱）（曲折）

於室夫非必渡河而西抑亦將濟漢而南也先王以鼗節唱而武
賓學之倘以周宗升虞業乎乃讙鼓冀動纖意柔端鼓巴遷於水
鬻鼗何陳乎堂下夫將乘矣上之樸而問晚王之渡也蓋為鼗為
鼓詩書並絃惟叔既懷高蹈而武亦切遁思何所見之略同也溯
滄浪於咫尺要偏波連自此而朝宗不遠導河導漾南北分條方
守貞詠河廣之篇懷人流漢廣之詠何所居之亦似也涌嶹嶸之
蒼葭誰詠誰游緬古而風流如昨尋丸弟之國鞠為邱墟漢吾舉
族也說鼗將揚故府之都靈奚止忽諸以志其痛服倉庚之官遂
為姓氏鼗吾故業也苟漢濱長遷客之孫乎無令數典而忘其先

抑聞漢介楚蔡之交。入之者。南遊鄢郢。北上巫山。與于緜蕞撇颿往。事皆不可知、然而其踪邈矣。

披陳言、結新響。艷筆奇情。絡繹腕下。 黃正衡

點染播鼗二字、千細絕倫。寫入漢處、亦極感慨淋漓之致。 吳與參

明得的有此識分可以語樂者甚得

先生制集一篇

播鼗武

李嗣京

樂官以司鼗者有不繫於鼗者焉夫鼗猶昔也而播之者非矣武亦能再辱耶且自太師去伶人散鼓方叔又入於河矣爾時而皆之下不復聞簫韶之聲猶有籥斷籥續得主動之餘而備革音之來者異何声也（升、鼓、竭、然）哉問其樂鼗也誰播之武也夫播鼗而易以武名也意者太師摯公室（先鼗武字空一字）凌遲（良）思以推伐之威掃門庭之穢又憤权門跋扈思以英明之士除城社之奸如簡為鼗者而深有意乎武也微哉武之職乎大哉武之義乎柰何昔之鼗播之而武重今之鼗播之而武輕矣揉器以思名能無汗顏也鼗不鼗而鼗媿武以不武而武重媿鼗矣顧名而思寔能無心案也吾聞鼗也者帝嚳作之上應昴星以通王道也乃今君替臣凌王道

皇明小題壽林集　下論集類花卷中　葉一　綠居選

要有深忠讀此纔見

開度諱明貫節蒙澄

之式微久矣豈一鼗所能通耶武而持鼗于私室一撻焉一自隣之區想洮鼓淵淵之舊事矣何而不隕滯歟鼗也者后夔用之下賜子男以節緩樂也乃今條去政亡魯事之不節多矣反罷集求其節耶武也暇懸於三家戟播焉蓋自羞之四會乾鼓合作之高風哉何而不發憤歟且也鼗有柄象無柄矣太阿之倒置也天子失柄諸侯持之諸侯失柄大持之蓋不知旁落何所者哉嗣何心播鼗之柄乎更深播棄之悲耳鼗有耳魯無耳矣君臨之不聽也吾旁之臣以賦賜進焉男鈇之佐以跳梁去焉真令人播手莫措者哉又何以擊鼗之耳乎益動懷播之意耳則今日者一激而自哉也乘發愧武之義哉噫武去矣鼗奈何

不獨諧于樂律可補太常諸書所未論即其工于字法不愧鄭公所左佳矣　而來

播鼗武

秦鏞

魯樂官有職播者、其名至今存也、夫播鼗賤工也、然魯之人、皆知有播鼗武云、彙論記諸樂官太師少師掌樂者也、亞飯諸人、俯食（記叙雜二下文不妨併出）之人也。其各執一技者。皆諸伶之屬。而周禮有鼓人。無鼗人。有磬師無鼗師。則播鼗又其微者與。雖然。亦傾其人何如耳。相傳方叔（柳）（揚）入河之日。其並著又有播鼗武者。豈其隸職瞽宗、習聞夫發揚蹈厲之為大武也、而遂以此名耶。或曰武蓋賢而隱下位者。若之何（武字一層）其以播鼗著也。記樂者曰播之以八音播以言乎風也風有正有（播字一層）變。有治有亂。皆在所播若武所播則鼗耳。令夫鼓以君樂而鼗若（以下俱從鼗字發揮）

佐之臣道也夫鼗亦鼓也而不相為君者其大小之別耶蓋雖同
（臣友二義匪夷所思）（精極）
物也而其名不可以相冒君子觀乎此則有辨名審器之意焉而
播鼗武豈見及此與又鼓以節樂而鼗若應之友道也夫鼗非鼓
也而應乎其節者其清濁之合耶蓋雖兩物也而其音不可以相
無君子聽乎此則有予偈汝和之思焉而播鼗武又得無意乎且
（巧合）
鼗固虞樂也管鼗柷敔皆為堂下之樂而令且立于誰氏之堂抑
鼗亦周樂也靁鼗靈鼗孰非郊廟之遺而令已不睹先王之舊則
（空中二卷）
為武者疑可以去雖然播鼗何官也太師役之少師教之矇瞽三
百眡瞭三百而播鼗其一也其列職于武之上及與武同官而不

去者益亦多人矣則爲武者雖又可以無占而武處此將何如也吾異夫洋洋盈耳之時人不識爲播鼗武也及乎樂散人亡之後人競傳爲播鼗武也嗟乎世衰道降往往執籥秉翟之中恭多賢人君子焉播鼗武豈其流亞與

遂字生發皆以書軸佐之後愊尤覺頓挫沉鬱　劉輯山

無中生有真乃胸有璇源　顧湘靈

播鼗武　秦

播鼗武入於漢

郭起沅

再舉入漢之人音與鼓而俱遠矣夫播鼗有武所由與鼓並著也其入于漢也猶方叔入河之意也夫自我周化行江漢採風者以鼗播諸筦絃重不遺輕大不辭細故有鼗分鼓鼙之餘法神考擊之外世掌其物以習其教亦爲容令其默爾以去也夫鼗也者制始于帝嚳而于用詩奇動之有待于人擊之還假乎物位並于柷敔而裁形特異有耳爲足以喻人之乎有柄焉仍以應彼之機所謂播也其人曰武武將終于鼗矣天子以鼗賜樂而武實司之倘以存望國宫縣乎乃大響將沉細音奚惜鼓已寂於庭鼗何復喧

大辨不辭

肖妙工妙

典制文環　論語　桂岩居　一集

典制文環　論語　桂岩居　一集

于室夫非必渡河而西抑亦將濟漢而南也先王以鼗節唱而武（天然佳處）
實掌之倘以固宗邦虞業乎乃讙鼗莫動織意奚鳴鼓已遵于水
裔鼗何陳乎堂下夫將乘天上之槎而問昭王之渡也蓋為鼗為
鼓詩書並紀惟叔既懷高蹈而武亦切遁思何所見之略同也溯
滄浪于咫尺雲屬波連自此而朝宗不遠滇河濱議南北分條乃
守貞誌河廣之篇懷人流漢廣之咏何所居之亦似也涵嶓冢之（清綺之思愈入愈幻）
蒼茫誰泝誰游緬古而風流如昨尋兄弟之國鞠為邛墟漢吾姬
族也設鼗將揚故府之聲靈奚止忽諸以志其痛服倉庚之官遂
為姓氏鼗吾故業也苟漢濱長遷客之孫子無令數典而忘其先

抑聞漢介楚蔡之交入之者南遊鄖鄖北上巫山與千繚葦歡歟往事皆不可知然而其踪邈矣
播鼗二字益難點染文偏因以見巧儷形令色一字一珠　顧景獄

播鼗武入於漢

海寧　葛以贊

入漢者更有人、而鼗聲不復聞矣、夫使武也尚留、縱鼓聲絕響而嗣音者猶有鼗也、柰何亦入於漢哉、在昔明王有作、化行南國而漢廣興歌、是漢固王者播化之區也、而非為逸士播遺之地、不知避世之計、既不爲而同、則宛在之思、亦不謀而合、故其子爲長征者同器也、亦且同心、則異地也、而初無異音矣、入河者既有方叔、則司鼓者幾無人矣、雖然猶有武、在河干（鼓情激楚）縱不返、駕、而曹部猶有同官、倘不興嗟、行邁、猶思播、澗、於鷺旂芹藻之旁、則煙霞何戀、矣、忍與波上下、為播棄之波臣、乃河濱先已高蹈、而僚佐遂多愴懷則欲接踵而往誰復嗣簡簡於寬繹龜蒙之地縱故土可懷亦不憚一葦杭之思播遷於漢國蓋武固播鼗者也又相傳入於漢云入故府而考鼗鼓之制便制其形兆之帝嚳王須其樂賜之子男觀斯鼗也為物雖小亦凜乎名器之不可假而今何如也忽而播於公之所忽而播於私之家君權之不屬柄且迻於下接武也司鼗有年蓋有播之而不忍播者矣故一旦捨鼗而起而我獨南行尚其問諸漢水觀周樂而核鼗鼓之掌八面曰靁借雲和而共奏四面曰路合陰竹而並陳撫斯鼗也為器雖微亦儼乎紀律之不可干而今何如也不為播揚功德之具而為流犓僭踰之媒主

聽之不專鼗或移于旁耳武也職鼗有日蓋有播之而不須播者矣故一旦委鼗而去而志在流水將遯跡於漢東且職司播鼗覺舉手非等搏拊之勞而運掌若有循環之合倘義可稍留何必與臨河不返者共其離思無如秉此鼗以歌雍既已耳不忍聞執此鼗以旅岱更覺目不忍覩是即欲姑爲苟安之計而已覺置此鼗之無地者故放乎中流而響徹瀟湘遙遙與河內之叔爲南北之爭鳴抑播鼗是司則擺之可令草木之相諧而調之依然左右之交節苟心可稍慰何必與河上逍遙者同其遠引無如借修日甚既不獲藉鼗以播其過而救正無權復不克撫鼗以播其功是即

句中有眼

實發播鼗勞思天造

清音入杳冥

欲暫爲隱忍之謀而已時聞發音之哀怨者故抱器遁逃而鼗叶滄浪隱隱與同鼓之寂仍宮商之相應而不謂繼武而入海者又有借隱之陽襄也

筆落秀生歌停雲遏矣咸珠玉注化瓊瑰　吳蒙象

新城之論詩一曰神韻一曰音節所云瓣香只下涪翁拜者旁見側出非其本懷也予謂詩固如是文亦宜然枯淡爲高生硬爲古皆以文其固陋耳斯文佳處亦當于神韻音節間求之　張寶臣

播鼗武

山東李學院歲入濰陽縣學二名　臧宗堯

司鼗有官其名亦至今存也夫鼗則鼓之屬也而播鼗有武記者所以誌於方叔之後次當思賜伯子男樂則以鼗將之聆斯鼗也（擒鼗）殆凛然示人以分義之不可越焉是雖一音之微而實統乎衆樂（字使閒會備樂意）故我魯諸侯備官而司此者亦未嘗無人也試言之鼓無當乎五聲五聲不得不和鼗不過鼓之屬耳似言鼓而鼗參其中矣乃迨今讀猗與之詩必曰置我鼗鼓謂非奏鼓以節樂而鼗又以兆奏鼓者乎至我周盛時樂文既同上下和賁而有鼗在庭於應田而（小中見大語無泛設）外更必類及夫鼗儼若鼓以君之鼗以佐之將一人正位於上百

僚奉職於下知聲音之道者未嘗不隱然如觀爲聲頌不重致夫

聲以節樂之終吾夫子正樂以來度必有從律不奸而樂於是乎

成聲發憑抽即為武之去國埋根

告成者則其條理整飭且於聲而穆然興治世之思謂可視為一一

齊之末而不擇人以掌之耶蓋聲則利用播而播聲歟惟武云獨

閒情亦復佳

是樂兼文德武功而人以武名者得毋有合於發揚蹈厲之意而

發然負正色立朝之概耶然既備員伶工俳優畜之亦惟是持柄

而擾旅進旅退而已必挾其嚴氣正性者懲創魯莛謂可見無禮

激射威銛芒四出

於君者若鷹鸇之逐鳥雀也毋乃越分滋事不安于位也乎故此

弟復具論第以職在播鼗大約不離乎鼗者近是一蓋嘗稽諸宗伯

考工大司樂以下及攻皮之工五俱不聞有鼗人而武何獨工此鼗者以鼗作自帝嚳首同鼓鞀（與寳俱運以椎重）其有藝於王風帝德而思奮其光欲抑有志於起敝扶衰而思進夫衆耶一不寧惟是吾魯得用六代之樂則凡雷鼗八面靈鼓六面路鼗四面雖二至四時所用不同（一曰唱三歎妙有精神）而命名紀數各有其義武也播之其殺淵淵然必且思之深長之遠致愼共職將以百度得數者格神人和上下而不使淩亂失次上以追有虞之盛而下以維正樂之功也耶是皆未可知也詎意有適有入閒風而起而漢之廣矣不可泳思武亦從此逝矣

遂守飽搜隨處變化覺前輩是題文如星宿海發源此則有一

曲千里。一瀉千里之勢。頓爲一

塗澤蘋字易呆。即從播字武字生情。亦非織則鑿也。一眼射定

魯樂之僭伶官難安其職用意。持論扼要細織。含堂張雲中

宵

錢選集　吳　煥

繼晝而詠宵、若有不可緩於宵者焉、夫宵似可以緩於晝矣、乃繼晝而詠之、幽民非有不緩於宵者哉、且自鳴琴咏而身不下堂。是知上之化洽閭閻、嘗有懷於漁者宵肅矣。乃念永夜之徬徨。分陰足惜。而思流光之荏苒。繼晷宜珍明星其晢晢乎。既歲晚而猶未閒。即日入而亦未息也。知民事之不緩。詩既於晝詠矣。夫卜其晝者。未有不卜其夜也。試由晝而進詠之。吁旦掌自雞人。瀨座原不遑於晏息。顧上行之則蟲飛有警。下效之亦蟻術維勤也。歎星霜之遞嬗。得弗於夙興之餘。進思夫夜寐昧爽且云丕顯。深宮本無閒乎。盈昌顧徵諸朝。則燕寢無荒。驗諸野。

亦雞鳴自凜也感風露之易侵要當於明動之下更念夫晦休言有宵也蜀弗繼晝而詠乎非不知釋鞛玉瑤之飾亦當以既景迺岡者見吾君宵旰之勤而茲之不緩於宵者一若萬戶寂寥祇宿殘篝之火三星錯落但歌在罶之章子與視夜亦昏以為期夫是以念及宵而星然也非不知流泉原巘之間亦嘗以于時處處者紓下民宵征之瘁而今之不緩於宵者一若漏計三商悵望夕陽之西遊光分四壁遙瞻皓月之東升夜猶未央而星已有爛夫是以計及宵而凜然也雖嚮晦宴息之情本屬編氓所不廢而幽民之勤劬倍歷永夕不異永朝也夫平秩南訛宵每苦其甚短敢謂時既晚而可以休息耶衾裯縱在抱也嗟我婦子豈得以夜未鄉晨而漫曰與子同夢雖獨寐寤歌之

念。本為閭里所同然。而幽民之況瘁不辭。終夜無殊終日也。況平在朔易。宵每樂其甚長。敢因歲既寒而相與聚處。即夜遊亦有禁也。我儕小人。豈必以東方未白。而漫思息偃在牀。覩於索綯。幽民之不緩於宵者。不益見民事之當急乎。

意蕊紛披心花秀發三復讀之令人齒頰都芳

宵爾索綯亟其乘屋

珠玉集　姜寶琛

宵更勤於宵者、屋在所宜急矣、夫宵似可緩於晝矣、乃豳民繼于茅而復索綯焉、其為乘屋計者、不誠亟哉、且時當嚮晦、正吾人宴息之候也。亦誰不入此室處、汔可小休哉。乃若日之既入。勤事者猶思畢晝之功。而奠厥攸居。謀室者恐有棄時之慮。牖戶綢繆。而卜夜繼夫卜晝。夫固有不遑他日者矣。豳風所咏豈特晝爾于茅已哉。想其乘時而動。雖不敢望屋之渠渠。而亟事以圖。猶欲為茅屋之補。此其不敢偷一日安者。並不敢偷一夕安也。詩因繼咏之曰。宵以索綯。冬之宵長。非若晝之短也。綯索於宵。則短也。繼以長矣。既寸陰之是惜。幸四壁之猶明。資菅蒯

以蔽吾廬而理緒比類豈其歌日出而思同夢之甘宵之境逸
非如晝之勞也宵繼以索則逸也代夫勞矣既儘日之操理復
長夜之辛勤藉引繩以固吾園而析縷分條豈其瞻星輝而謀
游手之樂宵爾索綯幽民之繼于茅而如是其亟也豈無故哉
顧或者謂日暮者息肩之時也卒歲者室處之會也盼夕陽之
既逝幸茅屋之可安於是爰居爰處不必問夜如何其也曰止
曰時不必計夜猶未央也而且閉戶靜坐聽蓮漏之頻更合室
閒談趁篝燈之未熄何至晝之所為必待宵以補之茅之多散
必待宵以聚之哉然而幽民不敢也然而幽民且有待也曰予
有屋在尚其亟以乘之將以屋為風雨之蔽乎而非有以乘之
其何以蔽夫風雨也念今日茅舍苟安得托庇於宇下者皆前

此之防維及時爾今之時可乘矣永以朝者且永以夕而由卑
而高豈若安居者之形神皆適將以屋為霜露之禦乎而非亟
以乘之又何以禦夫霜露也憶前此茅簷未葺其不及於取材
者恃今日之務閒可俟耳今其時可亟矣不違日者亦不違夜
而自下而上豈等懷安者之寤寐胥安其亟於乘屋如此則民
之索綯於于茅後者其勢誠不可緩也況乎復有事於播穀哉

騐情賦手雅與題稱

蕩蕩乎民無能名焉

蔣廷錫

帝德無名民忘其大矣夫堯豈無可名者民亦豈不欲名堯者而竟
無能名也擬之曰蕩蕩詎不大哉今夫名者德之輿也德至則名載
而行之斯亦主極之除矣然而頌于朝者諛也驅于野者亦淺也耳
便切蕩蕩不蕪用筆之蒼課生動
可聞者淺也口可言者尤隘也德有所至則不期名而名至惟德無
中亦有蕩蕩
不至則不期其名名亦不至也而吾遙想夫則天之堯矣以堯合天
從則女蟬八勝戚价人作
之德民未有不戴堯之德者以民戴堯之德民未有不頌堯之德者
翻名字無能
意者出而賡于八而歌乎韡雲就日而拜颺乎彼民也加之以名而
堯之為君自大也頌廣運之天不萬拱于渾穆之中光被之聖人遠

本朝房行書題雅集　論語　康熙癸未

出蕩作意
題乎聲色之外蕩蕩乎雖欲名之其孰從而名之一必曰此堯之德乎
蓋翻熟運
名也則神聖文武之號即後世予君王者崇容更溢一辭乃極四岳
轉
之得諸親炙無十二牧之擬諸形容卒無從予以一定之稱也而彼
狀
食德之衆又安問乎必曰民之窮乎名也則康衢擊壤之謠即後世
媪一人者亦且爭歸其功乃至七十載在位之久而萬邦羣黎之衆
以康懷
卒無以窺其美善之微而其頌德之詞又何自赫乎益耕田鑿井
簡不要精異縱莽德之運于淡者亦然　蕩不煩
之樂意不盡言而言不盡意約而指之稱見其多博而衆之稱見其
拳概
少欽明文思之休不欲不傳而不可勝傳擬而議之詎覺其不工推
而極之猶覺其甚拙吾見其生帝世而祇順帝則也忘帝載而不詠

帝力也哉美不形與天無極大無以加也且吾見大德得名而此幾
照詠如天之不可形容妙能不可名
無得而名也身受顯名而此幾不受一名也光天之下想像俱窮大
不可量也然則惟大故無名非無名也民實無能名焉者也戴堯而
不能名堯一如戴天而不能名天而吾于千載之後亦第擬之曰蕩
神味無盡藏
作收句殊索然
蕩而其德洵安極也哉

題辭命意俱極雋永入後妙義層出尤能于無能二字洗刷一番

原批

最難着筆是廣遠二字文已盡于無能名中廣出感介人作舊来
傳誦惟叔脫口誦心維一名處足千古故羣黎亦鄭重以需明聖

、尸祝里齊小民偏見至隱故天子必虛己而能謙歟二股頗為新穎然尚是題外翻觀此則語語按切矣原作後二股專用旁觀已覺力量有窮此更波瀾無竭也亦如天之不可以言語形容意是章勝原作亦無此照管得到

蕩蕩乎　蔣

膚受之愬不行焉　　趙　壽

有與譖俱行者而或戒者鮮矣夫愬而膚受亦最易行者也乃與譖俱不行焉豈復患世之有譖愬哉且人之以巧詐相嘗大率非一術也彼蓋謂一術猶未足以盡其變而迫切以陳情冀我之必墮其計而後已而孰知斷然者之卒不亂也則雖術之多變亦奚以為矣浸潤之譖甚其必行於乎而惑我者且不止此也夫譖以巧中乎人[illegible]其有事關切也不得不匍匐而來告者譖以浸潤猶情之所寄也而更有勢當危急不得不卒然以呼籲者則膚受之愬非耶其則剛勢或即其用譖之人也以為我用愬而仍如譖之之方則何害

筆○○帶○定○上○句○移○論○

不必其身受而聽者或有所不行矣惟是向以緩而入今以急而投之使不及詳猶緩之使不及覺也此勢之必行者也其用愬者或其用譖之人也以為我用愬而即效彼譖之法則望援不切俄頃而聽者或行於之譖不行我之漸矣惟是彼方積漸而進我倉猝而乘彼果能以積漸動之何若我之倉卒已動之也此又勢之必行者也而孰知其僞不行也哉不行不必易術以試也即易術焉而其中之有主者嘗以愬巧而或稍一行無俟更端見也即更端焉而其勿不然者豈以膚受之說而或亂是彼固有見於用愬之人即用譖者之流也脫譖既不行而號呼痛哭之際或不禁為之

惘然則使天下之人皆得竊我而以危言入也而以愬來者不盡左右乎乃於行者固已與[illegible][illegible]得其情也且彼固有見於膚受之旅即汨沒者以變也勝譖雖不行而徬徨於恒之狀或一旦爲以奪焉則使竊伺之輩嘗得料我之可以苦口動中而以膚受[illegible]者不遍耳自乎乃不行者固已與浸潤並燭其奸也然則譖[illegible]外[illegible]愬彼浸潤譖不行猶有望其於譖乃即愬之計更托於譖而[illegible]終不行則[illegible][illegible]明行哉子可于此觀明矣

總完浸潤以發膚受善爲下半截地而其說不行處既出

幹上文復側膚受以還題面可謂巧法兼至

第三十四册　卷一〇一

賜之牆也及肩　截下題

擬牆于所及、若不容自誣焉、夫牆、不止、于及肩、者也、賜之牆則僅如斯而已、而謂賢乎不賢乎子貢若曰、今日者何乃以賜賢于仲尼之言來也人之為此言者亦謂賜其不可及也云爾執

（即）

（從窺見意拈及字和住影位）

知人以賜為不可及而賜已可及矣人以賜為不可及、而賜已不及乎人矣不然何乃以賜賢于仲尼之言來也則可于宮牆

（上、四、字、頓、得、佳、）（從下意生出本句有池塘倒影）

之譬而言賜之牆也初無廣大之規模而徒高其牆以眩人之

（之奇）

耳目人將謂其踰分也而賜亦若恐其踰分也而僅成為賜之牆而已初無幽深之閫域而徒峻其牆以蔽人之觀瞻人將謂

其掩覆也而賜亦若恐其掩覆也而僅稱為賜之牆而已取而譬之蓋及肩云、當其築之登登之始亦嘗竊自維曰得寸則寸得尺則尺今而後庶幾馴至高墉乎而何意其卑卑也仰之而

搖曳妙

不覺其高俯之而遽得其平夫獨非牆也歟哉而乃使游于牆之外者以身絜之而有餘也賜亦殊媿其憑藉之未深矣追其

摹寫及肩工雋

削屢馮馮之後又嘗私自喜曰日而積之月而累之今而後庶

前比淺此比深

好對

幾無蹈踰垣乎而卒猶是卑卑也其植之基者既不能厚其增而衛者又未有功夫獨非墻也歟哉而乃使立于墻之中者求

更妙已呼聯

蔽其身而不足也賜亦自哂其樹立之不峻矣而人且曰吾曰

下句

過賜之牆而豈不知賜也者然且過賜之牆亦知其差肩而止乎駐足于墻下而不欲去牆不足以戀之也而牆卑則足以戀（起下窺見語妙天下）之也而人且曰吾日覩賜之牆而豈過譽夫賜也者然日覩賜之牆亦知其比肩而立乎安步于牆下而不覺其卑非于牆而忘之也于牆之內而忘之也蓋已窺見室家之好矣吁此賢于仲尼之說所由來乎

上頂賢于仲尼之語下注窺見室家之好淩空取影四面俱到正不以渲染雕刻為工中二比淡描及肩處又何其雋絕也

賜之墻也　三句　　李　旭

以墻之卑者自況、雖擬於數仞之高矣、夫惟賜之墻及肩、此室家所以易見也、知夫子之墻數仞、而敢以及肩者擬之哉、且人生之品地、不獨見於中藏也、即外見之崇卑先已參差而殊致、蓋抑然自限者植基之淺也、巍然恃峻者托體之崇也、以環堵自安而語於仰之彌高之聖、有不待量變而知其相懸者、不謂負墻立者之（直）尚忽其崇卑也、賜之不敢比夫子也、試即宮墻譬之、今夫墻言之、

（清題）

（出落第三句）

其勢低、者其體縮、版以載、既必以厚為期、其繩則直尤當以峻、為極以然、所為除風雨而享攸芋者、百堵皆興、詎非壯觀

哉獨與如邪固猶是及肩者也則所積者不過一簣之累耳此又欲學乎基以微外來之耳目而勢窮於隘不必縮墻而走一仰觀焉而如數家珍盖所以阻人測度之區者固無其峻色也則所爭者不過尋尺之多耳非不欲自廓其量以絕行路之攀躋而體張於卑第令而墻而加一示視焉而盖藏如見盖所以禁人探索之地者本無可愧張也窺見室家之好此賜之墻所以卒於及肩而不敢與夫子比也且夫人之樹立也有可及焉有不可及焉者可及者根柢未深不必有以崇之勢規模畧備寔難言峻極之觀縱仰止有心亦思超□閱而躋乎聖域而度量難越祇自限

作勢

於耳目之前就而觀之已。然盡矣此其可及者也則賜之墻是也其不可及者詩書為其基址也不必臨深以為高道德為其層累也無勞版築而達上其梗概非常亦可知肆外必本於閫中即跡象特隆已超然為高明之宇仰而攀之斯曼乎絶矣此其不可（純首注見）及若此則夫子之墻是。而謂可以及肩例之乎及肩亦第以人為藩耳夫子則且邁乎車制之六等及肩猶難以雉比數耳于則儼等城隅之九雉約而計之蓋數仞云蘊蓄深則觀瞻獨峻誠門墻人丹所為羅若何似乎窄僅與賜同也而數仞者若此從而蔽之雖則有孰無望比肩而立蓋同一墻而在夫子倘有如斯

嵩山房

賜節　李

九四　下論

步絶ゝ咏勺一悠悠當必長嵩屋之卑庳矣而遑低昂其際耶
之家學則地絶人試思墻以內所為藏閟者幾何乎自大與賜
畏此而數仞者業從而斂之他有樹立挽無望其可步有遺矗
猶是墻而在夫子獨有如是之崇隆者贍周原之翼翼亦必勞短垣
之踰越矣而乃顛倒其即吁以及肩而方數仞圍儼然有遠莫
能即之形則以賜而望夫子自顯然有高不可攀之象奈何昧於
此撥者竟欲使及肩之墻與數仞之墻渾而無辨也此無他賜之
室太易窺而見夫子之門難得而入也
要消納窺見室家句乃似首尾玲瓏然不以窺見室家說墻

則又非宮墻至於數仞而自須點染妙在淺語而有韻奇耳

賜之墻也　數句　　呂葆中　無黨

覌賢者之無深蔵而知聖人之峻福也夫墻惟肩之及而室家之好
遂以見則人之謦之也固宜然豈反賢於夫子之數仞耶子貢蓋以
喻景伯也若曰人不知其度量之所稱而輕以訾議乎聖人是論其
（轉手墻提）
外而遺其内者也然吾謂聖人之異於人非獨其内之異也或者其
外實異甚則吾欲與天下論其内不得不與天下論其外焉至盡發
（究合題搭）
肩衆之所蔵而回觀聖人之所以示天下者何如也一如吾欲以明夫
子之未易賢也而喻之墻焉夫墻之設所以飾好而蔽惡也惡不可
（先以墻析蔵住項面）
蔽則不如其無墻也人知之矣好不可飾則尤不如其無墻也人亦

竹木集　　下論

知之矣是以世之所積於中者無不厚集乎其外今也惟淺窄之尚
而浮露是矜則將見夫高明之家大其籓墻者曷不告之曰爾姑為
提下句倒入有致
是茅茨數尺乎爾姑為是短垣之可倚者乎譽甚矣其陋也夫人之
有室家也凡所以資生之物其中蓋莫不具備焉言有管蒯豈無絲
麻言有憔悴豈無姬姜乎然其所以為好者寧使人度而必不可令
情理透處局勢亦振
人窺寧使人疑而必不可令人見者何也以為一旦盡出以示人夫
豈不其善而予懼夫世之人實繁且陋而有以數計我也然則及屏
二語
寫此句轉下更
之墻而其好外見者非室家之善也人又知之矣乃獨於賜而疑之
催先著正說轉出倫言
者何哉蓋聖人之於庸衆也必示之以淡漠之形而其於才智也然

（此便是）（因知）

反有共退讓之貌非必其故為韜晦也深藏若虛而盛德必愚故也
子獨不見夫巨室者之為垣墉乎其烝室也益麗則其為垣也益崇
其為家也益隆則其為墉也益固其規模益大則益欲其完且峻也
其珍積益多則益欲其厚以藏也是以咏斯干之秩秩必先百堵頌
（回繚蜿蜒欲舞）
周原之膴膴亦志焉登子曹見夫大家大室而有華榮數尺短垣可
（出幾仞沽甚高甚）
俯者乎蓋尋常而計之咫尺而益之其最高者或不至於數仞且不
止吾請浮約略而度之曰彼所為夫子之墻者亦如是而已矣然則
（數仞正是不見緒浮涵然）
世之覘於人子者悃愊無華反若不足以驚世而駭俗者其亦不足
怪也何也數仞之墻為之也

竿木集　　下論

岳注天潢倒連滄海隨其廻紆起伏皆成奇觀原評

握定窮兀二字作主及肩數仞摠在此間分别不向崇卑尺寸着

眼鮮題高確而氣力又雄大故波折細微無所不到

賜之牆

賜之墻也　二句

科試溫州府學一等六名　陳建鶴

誼淺而易量可與見者言也蓋賜之室家非不欲自護其好也然墻僅及肩矣其窺見也殊易易耳且宇宙有一象焉畢之無甚高論者即尋常涉無所睹之人亦一望而形其無餘也迹非必其故彰即而自近境未必其特著暴而自呈比所類而擬諸形容有退嶄無地耳試即宮墻而罕譬以殆知賜之所以為賜矣生長淇泉金錫圭璧之望豈乏名勝所鍾第植有用之才卑淺自域而夏瑚商璉珠難什襲藏從遊洙水切磋琢磨之資素被陶鎔之化第单片生之功狭近自拘而束鄰逸犄不啻自鬻於市蓋賜有賜之

墻矣夫賜之墻也亦層累所積竟卑庳而不能自崇猶尺寸所定實偪淺而無庸高視殆及肩焉耳夫然而可知其墻之内矣闚當見夫販夫陌婦跡不出於閭里身不接乎閑閎一旦玩好任耳目之前相與聚觀贊歎瞻望咨嗟一若天下之異數蔑以加此也而其實不然不過所謂好焉者耳夫好亦何足示人之有顧其物亦厚欲深藏而量局其偏終不免於自獻且其物非知希為貴而境處其淺安能適乎其區而賜適類是則墻以内所有室家之好概乎其窺見矣賜因之有感焉天下惟目之所親觀者其意翻可以大是物之形非是物之果大也彼其宫錮於幽不能極宇内之大

（抵下節寫本題凌空倒影不為）

觀而偶有見焉遂不覺色為之豔也象為之驚也將淺境當前歷若愜密而不可竟而因浮其所受之量天下雖身之所親獲者其論猶或至誣是物之迹非是物之可誣也彼其質蔽於近不能躋靈明之遠視而畧有見焉遂不覺光為之映也景為之炫也將小數在望反若覺絕而不可躋而適徼其近見之界審是夫子之言殆窺見室家之好也其窺見也賜之墻為之也亦曾知吾夫子之墻乎

不事矜奇自爾恰如題分

〇〇賜之墻也及　之富

江南田學使歲考　劉枝桂
江浦縣學名

人有見不見之異而賢不賢自分矣夫賢賜也有以見賜而惜其所見者淺也苟入夫子之門則知夫子遠矣其如不見何哉且憑一己之識以重輕當世者此可持以相尋常耳目之士而獨不可施之于聖人蓋聖人之自具其非常者固常人之所異也天下而皆常人也以常人視常人儕偶或共忘其淺臨天下而非聖人也以常人視聖人神明反自隱其高深故賜遊夫子之門有年所矣竊以為夫子之自修也如宮室之有墻垣焉其以自蔽也善者秘之勿以炫人也學之誕登也如墻垣之有積累焉其以自矢也早者崇之勿以惜力也然

提〇起〇此〇句〇下〇二〇股〇方〇不〇重〇上文

卷見不〇見

卷及肩〇數仞

本朝直省考卷篋中集　論語

賜嘗夫子之門有年所矣聆其言論風旨觀其車服儀杖嚮往久之
測其中而茫然博觀其外而寂然方徬徨乎希冀于入門而無其階
○原○此○宋○歸○有○精○
而或且曰賜學于夫子而賢焉也夫賜也而以賢稱人或者其窺而
○家○戚○動　○步○工○用○進○出○
見之矣且天下物之未經人習觀者群置之弗道焉以爲其中無有
○又○陝○下
也而往往于見聞相習之處賞嘆以爲奇不知天地間瑰偉之觀奇
特之詣必出于衆人奬許之外而非一材一器之類得與之比度乎
○不○突○拈○及○肩○叔○仍○然○
高卑故賜與夫子相懸絕也誠不知其何如而人徒見賜之所樹立
而蘊藏者遂以爲把之而不窮覽之而弗盡人誠樂見賜乎哉惜乎
○此○既○太○突○講○
未之見夫子也夫夫子不可窺者也欲見夫子有術焉博之乎詩書

了得其門似迎下卽亦可比作然其彼然自始

之途游之乎仁義之原而又體之乎身心之地原發究其顯而察其

微相與引翼德性者有年相與步趨禮義者有年而又相與出入化

神者有年庶幾識其精而造其極故于宗廟見典物之煇煌于百官

見材猷之燦列而後僕天下之美且富者聚于斯之可以極天下之

大觀而無憾矣如不得其門而入也悵悵乎亦何所見也哉一夫觀區

只一卓爾高

區室家所有者謂宗廟失其壯百官失其華是無異以及肩衡數仞

也高而面墻以立者也

覘窺只在見不見耳宗廟百官等處他人肆力發揮好手偏畧過

此爲知取捨也

賜也始可　一節　王安 一名

許賢者以言詩以能悟乎詩之意也蓋詩非善悟者不可與言也告往知來賜殆深于詩矣夫子故有特契焉若謂吾豈不知解人之會心何以悠然遠也夫名理日相持贈而窒而鮮通則予之數僅如其取之數而止故義蘊無終窮而神明不可測教者所未言陟有以旁通將古人所已言的無雜曲暢矣吾嘗以詩為教欲索一知詩者而與之言而今乃得之賜也夫學問之故非名言所能罄惟是姑發其端而轉而使之自尋境地乃從此別也而尋而必得而難索之強解之人遞深之理每借物以相萃謂是流示其機

（筆知字焉濃）（落肯二字得力）（幽咽爽泉淨人蝶拉）

東科鄉會墨選　丙午康南

而徐以使之自引意味乃自此長也而引而愈遠又難遏之膠執之士而況夫詩之為教其旨微其詞婉其寄託遙深其稱引廣博

反撲知字訣起始字、影射

尤未可為不知者言也若賜也非必挾一詩之見于意中而機所偶觸詩若應念而來會彼其識固有存乎詩之先超乎詩之外者

上節說解最真

蓋自有賜而三百篇皆無疑義矣詩亦非實有賜之說於句中而理所嘿寓賜能隨感而輙達彼其悟固有緣詩而起不緣詩而止

已動法來空

落

者蓋自有賜而三百篇皆無定解矣吾始未嘗告以詩而甚異乎賜之知也蓋告因義起一往而無餘指授之間非藏別旨而知以

知字與清承接安雅

神凝怒來而不覺感觸之頃若有化機蘊理愈出而愈多往者過

而來者亦未可常留在今日為創獲者開異時而旋見為故敏達（來亦是紅方且不備之機他手見不利）如賜吾安能量其知之所終極乎試與之辨論於比興賦之大覺（低呼微喚如聞江上笛聲清論欲絕）偶焉感觸而有般皆可歌有韻皆可會固亹亹乎其取攜自富也（曉開妙）而淇澳特其偶焉者已聰明日用則日生來者積而往者亦為之改觀在前此為定論者歷一境而忽呈夫新明悟如賜吾又烏能測其知之所從起乎試與之諷咏夫風雅頌之義覺無端領會而（名雋）截斷如挾新機以相遇吾心不留陳迹以自固蓋騰騰乎其先得我心也而切磋琢磨特其寄焉者已吾願讀詩者盡如賜之告往知來為則詩教之傳大矣

房科鄉會墨選　賜也始可　王安

賜也始可

王

微雲淡河漢。疎雨滴梧桐。文品清遠。令人體靜心閒。他手着一支雜晦塞語。類情便偏矣。唐端士

骨氣清超。淺淡細膩。熨送上節。妙在不即不離。仗氣矜才者。當當讓一頭地

賜也始可　二句　　周學健

學貴能通故知可與也蓋詩之境引而彌長者也往必有來而知為傳焉賜真得詩意者哉今夫名理之蘊言弗能罄焉罄所言而以言罄則一往無餘雖極吾所得亦（把取往來意）不過足乎其言止矣而豈可與言者哉一落吾與賜言者貧富（出落處獨見手法）也而賜也忽與言詩賜自此進矣夫難言之隱每曲詞以為諷謂是姑（題前觀取往來意引入）發其端而轉而使之自尋境地乃從此別也而尋而必得固難索之强解之人遞深之理每借物以相牽謂是（悟後所見如是）流于其機而徐以使之自引意味乃自此長也而引而愈遠又難遇之執解之士是（跌始可二字得神）故可與言詩者之難其人也機

之來也日出而不留徒恃向者為足據而固而守之若別無往耳

往來一字寫得微妙

迫忽焉相乘而乃覺夫理之迫我於前者原自有迭除之機則即

此未若之說正不必為終身誦也理之往也日易而輒新徒挾所

即離近當自神理

得以自多而畫而止之其又奚來焉迫隱與相迎而乃嘆夫理之

往復曲折透入肯綮

索我於既者固自有遙深之致則無謂詩指之存竟不作一如是

解也惟賜也其知之矣道博而可任所取竟無弗取也隨觸而若

有所合輒無不合也彼遭逢之適然而嘗我者至無定耳此中之

遙接一筆関会全章有神

者味惟其自領而深不遇之則猶是前言之所涵一經解人即不

[illegible]別擴一境也而已陳之迹愆泯矣況義類之紛然而既予者正

甚著耳取携之多寡隨所自致而廣而求之則惟是予言所不及一供解悟遂不殊先得我心也（含有餘味）而得意之言胥忽矣往也來也知其解者或旦（飄然有別致）暮遇之而不謂賜之適與我心會也切磋琢磨之詩孰是可與言者哉

旨深味遠雋骨姍姍欲飛去足稱仙品　原評

靈俊淡折無一語粘着亦不使一筆踈離其想境在縹緲峰之上而點點滴滴落頭都入眼裏非静心微會不能急切領略其妙　帥宗德先生

題本即心即境語文即稱之離之在題中即之在題外曠如奥如微妙耐人尋取

賜也聞一　如也

猶是聞而不猶是知其為弗如無疑矣夫賜而如回必賜之知如回也乃聞一知二賜弗如也予亦謂其弗如而已且學者亦何可

（契筆恰館合題）

耑居人下哉然而已之所繇亦無容不自知也縱不自知而聖人

（二句一氣貫注）

已早知之矣乃不謂其果自知之也則聖人亦安有異詞也聞一

（趣便即已吊起弗如二字）（上句發二）

知十賜豈不欲如回哉賜豈不欲無弗如回哉乃自賜思之以為

（心）（備聞上帶弗如便不占正位）

耳提面誨子之授聞于賜者何弗如回而無如會悟無我也依類

（轉換）

以推僅無拘方之見執經請業賜之得聞于子者亦何弗如回而

（是知二實際）（緊擬一筆）

無如旁通易盡也因此及彼恒多推測之勞聞一知二賜亦何能

○借○人○以○弗○如○形○夫觀○折○賜○弗如回○
如回哉雖然聖門之弗如賜者多矣夫以屢中如賜也知來如賜
也多識如賜也二三子之如賜者寧有幾人乃自與回相形而謙
○宕○一○筆○
讓未遑之衷歘然自視之意偏于如愚之回若自失焉是豈故為
○折○下○有○致○
抑抑乎蓋賜固深知其弗如也而子亦向微賜言吾固知其弗如
○襯○一○筆○
回也夫得半而止中道而廢世豈無弗如而終于弗如者哉我不
○又○轉○一○意○
○叅○活○筆○乃○有○下○句○地步
敢知曰賜終弗如也賢可希聖聖可希天世豈無弗如而不終于
弗如者哉我亦不敢知曰賜已無弗如也則信也其弗如也不然
、當、究、上、節、弗、如、二、字○乃有着落
何以賜也而上知二也則誠哉其弗如也不然何以賜也而未知
○明○淨○一○筆○
十也然賜無患其弗如也賜誠去其所以弗如回者寧僅聞一知

二巳哉蓋回愈于賜故雖以賜之明通恒覺企焉而未逮然賜既（双汲融洽）
知其弗如則雖以回之睿哲寧難層累以相幾安見聞一知二之
賜竟弗如聞一知十之回也哉
賜止知二賜之弗如回也賜以知二與知十對言是賜自知其
弗如回也下弗如也三字即在上截內看出故此題聯合本無
難事好在聯合處不占本位前從聞上映帶弗如自不是下截
弗如本位後從弗如下倒找知二再找知十雖是借上印証弗
如寔際自不是上節知二本位至中間以人弗如賜做一襯整
過下倍有波瀾

賜也聞一　如也

呂葆中

惟賢者能自知賢之聖人而果信矣夫賜之聞一如回而特不能如回之知十則聞一知二而其量已定矣雖夫子豈能有所易哉今夫學以為己也而聰明之上無樂得其人而衛諭之蓋未必無傲然自負之意焉此雖聖人不能無疑其心也然以傲然自負之人一旦自歎其生平而後若欲焉其不足則天下或不解所以自知之故而又竊疑其不情自非聖人相知甚深鮮不為之遲疑而不決者矣聞一知十回所能也而賜何如哉夫吾人得心之際皆有數存焉於其間其多自喻也其少亦自喻也謂回有聞賜獨無聞乎謂回有知賜獨

取下句涉入異甚

万解良鴻她由折如

心意

华木集　上論　浚氣橫流事下句錄痕

無知乎然而賜猶疑之退而考其聞焉又退而考其知焉則以為弗知退而考其聞之數焉又退而若其知之數焉則弗知且遠甚也何也以為賜特聞一以知二者也夫猶是聞也亦猶是知也名理之所在賜亦未嘗不多所發明而雖其精思祗以得乎對待之數神明之所存賜亦未嘗不多所引觸而窮其識力終不離乎擬議之間由是中賁高曠言之賜之弗如回也亦藏然矣獨是寥寥宇宙間其得與於聖人間從俞知之數者惟有一回自回而外惟有一賜其平居儼然自負未必無而望而如而弗如遂未歎下氣栝捻大用愈回之心即不然而猶能望回即不然而庶幾如回者也乃一旦無一氣跌宕跌宕神行故而甘處人下曰弗如彼也遠甚哉非俗士之所驚而亦學人之所

哉。然而夫子曰賜之言其不要矣夫人與人相衡而勝負決焉
故灵隽令人解頤　四股弗如然
欲其爲勝負者益微則其爲相爭也彌甚如賜與回亦所爲處必爭
地位懸殊得此二意方見其相絕人　竟將弗如說做懸絕
之勢者也賜以爲如猶懸其弗如矣若夫人與人相衡而高下見焉
顧其爲高下也彌近則其爲相知者愈深如賜與回亦所爲處相知
請弗如醒快
之地者也賜以爲弗如則真弗如矣蓋天下之物惟其相似而以爲
奇情奇
疑而天下之勢必其相媲而後見遜然而負艷麗之材者一旦睹天
會晰後虎風
縱異質而不覺其愧歎無聊膺豪傑之名者一旦遇命世奇才而不
覺其傾盼自失此無他焉弗如故也然則吾人浮心之際皆有數存
卓絕
焉於其閒賜之所以爲弗如者亦惟參參一二人自知之耳而世莫

以為賜之才不可無一。且聰明實過等倫而退然不居者持有取於讓美之義賜之才又不可有二其目中更無儕輩而漫為辨許者或陰窺其好勝之心是以賜無自知之明而夫子亦無知人之識者也烏足與語於聞知之故哉

不落近想不作恒語而筆下自有雋永之致　原評

上句不粘上下句不奪下而上下神理具足非精於法者不解也

烟水窅窱雲山稠疊於此中別開洞天總不聞世間塵語

賜也聞

質猶文也虎豹之鞟　呂葆　無黨

質不可以無文、雖美質不足恃矣、盖以質較文而文不可無、猶以文較質而文不可去也、苟其去之、是何異於虎豹而鞟之哉、且世當文敝之積而爲右文之論、則一時之君子必或譏之曰、虎之不存毛、將焉傳、是而概衡而質仍存其重也、不知自所中之制窮、則世雖欲輕夫質、而既與質爲彰施者、不得與之而俱輕、由矯俗之議興、則我雖欲重夫質、而與質爲附麗者、豈能去之而獨重、吾是以觀明文之也、不得不取質而爲之較量矣、原礼之初、必本之率略、具以温擘爲治之衰、然使樸厭抔飲之風、復行之三古而後、則以爲醇然而危

故太樸之足以維風猶文明之亦足以繫俗也先王之制莫貴
無文是以升號見天地之性然使太質聊水之數月施之服習之
恒則以為尊也而積益甚故徒質之未足以前民備徒文之未足
制用也然而一時之論者曰世之不古也諸侯而朱干設錫之大夫
折下古徒
而臺門旅樹矣此皆非質為之而文為之也吾欲使天下之共崇失
楊史而出孫齊見四摩風
質莫若夫天下之盡去其文則是為斯論者固不為文惜也將并不
為有文之質惜乎固不為有文之質惜也將并不為無文之質惜乎
生
先作飛豹影子出便有情致
然而論者勿之計也問其文炳而所稱於大人者有之乎曰去之矣
其文蔚而所稱於君子者有之乎曰去之矣吾故於無文之而歎

一至文之跨莫虎豹若矣則即於至文之際而設一尽夫其上下之
莫虎豹之鞟若矣大饗之祀九州之美具焉而龜先鐘次之後必薦
之以虎豹之皮者何居乎曰示服猛也曾是其燦然者之已也服
猛之識何矣乃鞟也而猶然繫之以虎豹之名而大射之制王公之
度昭焉而鵠處鍾首之餘必樹之以虎豹之侯者何為乎曰明孔武
也曾是其斑然者之已失也孔武之謂何矣乃虎豹然[illegible]偉洵有其
鞟之實吾見豹袖服之於司直虎皮裁之於行斾君之齋車於以
以豹大夫之朝車猶以豹不以虎則是虎豹之異其宜者而將於
功之如彼同鞟也則是虎與豹且無功也是不特虎與豹之且

論語　質猶文

也蓋天下有生文之質爲有去文之質爲生文之質之在而文
全故吾之重夫質者不得不并重夫文去文之質如此而質亦敝
故吾之慨夫文者不得不并慨夫質不然而人之稱斯鞟也謂之何
哉

信手揮斤運斤成風而堊盡鼻全毫不犯手　原評

淋漓古致幾使天雨粟鬼夜哭矣李長吉云長刀直立割鳴箏刺豹淋血盛銀罌不爲此文詠而誰詠耶

質諸鬼神　一節　徐元正

知天人之故者、君子所以窮幽遠也、蓋天與人同一理、即同一知、而能使鬼神失其幽、後聖失其遠、此君子之所以[illegible]知乎、中庸謂夫人之心、必有所精而后疑生焉、必有所蔽而後惑起焉、[illegible]疑[illegible]惑者之患、于不能信、而吾謂疑興哉者之由、于不未知、[illegible]然亦難[illegible]之矣、君子之道、其在內也本諸身、其在外也徵諸庶民、深切著明盡之矣、彼天地人猶以為參而況于鬼神乎、鬼神則尤幽而不可知者、探之於[illegible]責之深[illegible]則[illegible]不知其有鬼神乎、其無鬼神乎、即[illegible]鬼神矣、而君子之高卑貴賤[illegible]其[illegible]遠多寡、明其度方圓流峙[illegible]其宗從而質之[illegible]人不知鬼[illegible]為然乎否乎、若是[illegible]之[illegible]

且滋甚也而君子所無疑者何也則惟知其所以然之故也蓋鬼神
雖萬變而不可窮而究言之不過陰陽造化之迹耳吾嘗曠覽乎動静
神之相生精察乎屈伸之不又則鬼神之性情形狀固無時不往來
乎吾人心目間者皆天也而何不知之有焉知故有不可得而疑焉
者矣後三王衡止以為兼述也哉況乎百世之聖人乎百世之聖人
則尤遠而不能知者無之閒極示之無窮則吾不知其大聖人乎
無聖人乎即有聖人矣而君子之忠質損益為之禮服色徵為之
度與墳丘索為之文從而俟焉則吾又不知取以為是乎非乎
若是則吾之惑且滋甚也而君子固不惑者何也則惟知其所必然
之道也蓋百世之聖人雖未來而不可定而預論之不過中正仁義

之德耳。吾書窮性命而有人倫之察。竭心思而有庶物之明。則聖人之因革變通。固無事不昭然于吾人意念間者人也。而何不知之有焉。知故有不可得而惑焉者矣。蓋以一心之通而閒鬼神則其幽明無閒。以今日之聖人推後日之聖人。則其先後一揆。此無他。此心同。此理同也。而不然者。非其洞悉于天人之際。何不為然誕之所托哉。

最蒙昧之題。以磊落傳之。知其的中肯窾。真王一

精思密理。以爽深之筆行之。直快理題閒與此姿學兼至之文。

浩氣充溢。大似歸熙甫先生手筆。滄柱

質諸鬼

質諸鬼神而無疑

許承宣

君子道通於鬼神、實有所為質也、夫道不質鬼神、未足宜民也、質之而無疑、君子益深遠已、且天下明則有禮樂、幽則有鬼神、似鬼神與王者分治天下矣、而不知王者之為治、實已兼鬼神之情變而用之、蓋然有必窮于明之勢、而明無不達于幽之理也、君子本身徵民、豈獨考建已哉、道之不足以立極者、不能制鬼神、而每畏鬼神、有意則怨其察之、有行則恐其臨之、有制則恐其違之也、道之果足以宜民者、既能服鬼神、而因用鬼神、有意則相與告之、有行則相與測之、有制則相為斷之也、然則君子之于鬼神、固有所為質者、而質之必求

無論所已耳先王分建壇社各有牲幣以次薦羞之以侑食之以祿
久以為饗享之矣則贊者（贊字奇創）即贊于屍之義也（前常之禮祥故事畢之也）但思神不必如索案拜
揆饗言而為國家禦可否別是非往往忽見之昆蟲草木之間王者
候灑以來自信其在我之（寫出精裁一一筆）無煩敖辨當篋衰鑄出而能羅新其所以
然猶有待兩可之談以自炫于災祥奇無之姦（長即無言）先王封立山川各有
名號之賜蓋旌之以功表之以德久久以為賢襲之矣則贊者又即贊
于賢之義也但思神（胥奇犯之為也）不必如公孤從容坐論而為天子議治亂定成
敗往往忽託之怪奇識異之跡王者修凝而後自信其在我之有讜
故雖嘗嘗變互見而能收觀其所以然猶有待天誘之談以相蒙于

質諸鬼神而無疑（中庸）　許承宣

上下者無不矣古來授圖錫範鬼神嘗開王者之先然非有以質之

觸手先惟

而何以配陰陽于人事則鬼神猶處王者之後也故質鬼神者不求之鬼神人見為探賾索渺而君子直以為飲食知能之事即今命龜立筮鬼神實予王者以誠然非質之而無疑而何以謙從逆於乃心則王者又示鬼神以信也故質鬼神者不恃乎鬼神人見為稽疑墨食而君子直以為性命親切之功夫亦有三重者自質之而自無疑云耳于鬼神又何間焉是可思居上不驕之故矣

鬼神情狀經周張程朱講究極矣與怪奇事都消歸顯易平淡力

臣猷會四子之言文亦顯易甲淡而對與怪奇事羅列其中莫作

癸卓志肴　徐㒰庵

灋是質鬼神不可移入天地句兼陰陽氣機與龜筮等說意義亦

該備

質諸鬼　許

質諸鬼神　人也　　張希良

君子本道以為知、而天人備于一身矣、蓋鬼神依乎天、後聖依乎人、君子深知其所以然、而亦奚疑惑之有、中庸：天人相與之際、帝王學問之所從出也、世主莫不有更制易物之心、而從之也、其本乎夫見聞不至之處、皆以為荒遠無徵、非吾所及知也、以為疑惑、蓋甚如所謂質鬼神俟後聖、亦猶三王天地之不謬不悖者、何以知也、嘗觀古之王天下者、權可併世、化齊氣運、然未有不上稽天道、下察人事、而能創制顯庸、稱盡善者也、乃或者謂天地之昭曠、目在人俯仰間、而鬼神絕不示以迹、則信鬼神、必不如其信天地、而曷能無疑、君子于此、有知天之學焉、蓋衰世之鬼神依乎人、而盛世之鬼神依

乎天〻者鬼神之大焉者也開闢之初君子去天未遠而聰明首出

又（深切）足歷陰陽翕闢之變而深原夫性命之精夫是故鬼神畢獻其情

狀矣遠夫制作大定日星雲[illegible]昭回于聲名文物之中天且弗違

而況鬼神乎使鬼神而離覆峙絕高明別為其變化則誠未可以思

議乃鬼神而一天也且明陟降君子不質以天而質以其身之天彼

為屈為伸直吾之一動一靜耳何疑焉夫鬼神吾猶然無疑而天地

不又可知也哉謂三王之代爞赫〻若昨日事而後聖[illegible]其形

則信聖人必不如其信三王而奚以無惑者[illegible]有知人之學焉

（對語自而）

蓋人之尊聖常至于天而聖之視聖祇依于人〻者聖人之所以為

類也代當明備君子于人較詳而問學淵深又足統古今智勇之歸

質諸鬼神　人也（中庸）　張希良

而逆操夫心理之合夫是故曠世與異代同堂矣迄乎典則貽垂愚
賤中材皆受治于蒙業而安之内人且莫岐而二聖人乎使聖人而
棄彝常弁儔類獨顯一神奇則誠未可以意計之矣人而亦人也守
先待後君子不俟以人而俟以其身之人彼聖作明述皆之之挈予
功臣耳何哉焉夫後聖而猶然無惑而三王不愈可知也哉洵非道
合天人而知窮幽遠未易以語此
精思奇論發自性靈絕無一語蹈襲故常昌黎陳言務去此□□
戛爭新者滄桂

乙丑房書文徵　中庸　質諸鬼　張

質諸鬼神　人也　陳舒

明於天人君子之自明其道也蓋鬼神者天之所後聖者人之先知天人而君子明道之功至矣且王天下者操三重以寡民過考之建之質之俟之如此而不謬不悖不疑不惑如彼亦足見道之甚全而無所缺失矣然使由來之故置而弗講則世將不能無疑且惑焉非疑天地也疑鬼神也夫天地處於有形而鬼神則無形之可據乃君子於此往上有以用其聰明者此意殆不從鬼神立解者也抑非武三王也惑後聖也夫三王處於已然而後聖則未然而難料乃君子於此往上有以精其淵鑒者此意絶不從後聖起見者也[illegible]為王天

下者告曰知天也知人也惟聲塵闃而後覺天載之難親矣之而
天載雖遙不過一屋漏中之事吾有喜樂是以知雨露之非私吾
有怒哀是以知雷霆之非赫天回與君子中和之性矣其流行而默
有鬼神亦可以喜怒哀樂類而推之者惟意見拘而後覺人肅之
易阻誠知之而人情雖遠不過一日用中之心耳吾有子臣知尊親
即匹夫之忠孝吾有弟友知愛敬即赤子之知能人固與之子寤寐
之懷同其藏隃而彼有後聖亦可以子臣弟友迫刀矚之者也蓋天
無鬼神大疑亦不生人無後聖大惑亦不起是天人原此或為之先
或為之後者窮君子於反覆思維之且疑鬼疑神之見即借鬼神破

質諸鬼神　合下節　顧三典

觀君子所質與俟者而道合於天人矣夫鬼神來而無疑後聖未易不惑也即此推之而天人可不務知乎哉[illegible]間有鬼神天地所賴以流行也奉天命者也三王之後有聖人三[illegible]以統承也盡人性者也今君子之道不悖於天地矣是即天[illegible]道矣（以糊爲敘著留下節地步）不謬於三王矣即人之道矣[illegible]神乎抑百世以俟聖人乎說者曰鬼神非[illegible]也非[illegible]子[illegible]諸天地之道既即天之道[illegible]凡仰奉乎天者[illegible]以天道始[illegible]即災祥禍福亦有不聽命於鬼神之時而何[illegible]乎鬼神一說[illegible]周人也君子考諸三王之道[illegible]

思人之道只作自盡耳　之道屬之此即聰明智勇

必無泥合於聖人之處而何乎聖人吾以為人之不敢質鬼神

靜旋要緊　ろ要節

者疑鬼神者也彼見天地自有法象則疑鬼神之無又見天地自

有化工則疑鬼神之有是疑在此乎人也天地矣亦未能洞然於

即第起下節

天之道矣人之不欲從後聖者或後聖者也彼見一王之遞相承

則哉於聖人之同又見二王之不相襲則惑於聖人之異　在

聖人即藏在三王矣亦未能灼然於人之道矣　鬼神者氣也

而有宰是氣者則鬼神以天為天地者形也而有此是形者則

補劍更周匝

天地以鬼神為天而君子本身微民之天即天地之天也則即鬼

神之天也聖人者人也而已有三王則聖人以三王為人三王者聖也而復有聖人則三王亦以聖人為人而君子本身徵民之人即三王之人也則即聖人之人也吾故斷其□即就其無疑者

奇横之極　題面一處總照

而屬之知天斷其不惑即就其不惑者而屬之知人蓋無疑非

此處正講從足上意

質之而後無疑本無惑非俟之而後不惑真懇□樂之中思昔日陟降為聖人曰範圍焉無可疑非□□□去其疑無可惑非俟之以辨其惑子臣弟友之間□行日受治焉聖人曰受裁焉不然豈鬼神即疑天地其得為知天者耶惑聖人即惑三王其得為知人乎即君子之道也天之道而□一人之道而已矣

着將首二句正詰不應而安頓且中間補轉天也三王並
須另起爐竈然後聯絡天下筆墨煩費矣文只開講六句已看
得題目十分融洽以後議論波瀾層疊洶湧讀至總深題面處
乃知其前路句句是細針密線[illegible]於行備文字吾嘆其極謹嚴

管講冕

德行顏淵 二段

王柱流

立德立言之各有人也已足係聖思矣蓋德行言語惟夫子兼有之諸賢則分得之矣如之何弗思吾夫子之厄於陳蔡而嘆也（姑○習○尾○二人起轉入諸子能清題界）抑嚮而言曰二三子從夫子而遭此難也其弗忘矣夫子嘗之而不容何病不容然後見君子顏氏子非實有所得于心烏能言之親切有味若是然二子之能此也不特當厄為然也自其平居矣抑及門之善此二者也不獨二子為然也歷數諸賢更有可紀者焉令者陳蔡之後成徒棄矣夫子言念及也恒忽忽其不樂者深歟吾夫子之與及門相[illegible][illegible]礪也蓋惟以修德為務歟（串入言語）則奉聖人書

豈必其言之云爾況彼夫不言躬行顏氏之子殆庶幾乎顏子而下
串子貢
穎悟莫如子貢夫子每樂舉回與之並稱以最其所不逮焉是以徒
串宰我
手一蹴必告之以先行其言而聽言觀行獨于宰我致□責者亦以
知聖門之學首尚德行也向使長于德行者僅得一須臾
次不
置矣而況又有閔子騫而況又有冉伯牛仲弓雖然莫謂聖人教人
仍紐德行
竟不尚言語也夫修于身矣不見于言可也然自古未有德優而詞
拙者蓋惟其和順積中故其英華自發于外所謂有德之言是也然
串顏子
故躬行若子如顏淵其平居終日默然如愚人而已然善言德行辭
遂或先且克復之目有所謂非禮勿言者則其所言之必中乎禮

可知也至于雍也辨簡數語默契聖心而言必有中夫子之于閔子
也又為之深嘉不置焉惜也伯牛之不及門者已久故其言論風流
不獲槩見耳孰謂言語之才顧可少乎哉幸也有宰我也子貢也聞
皆與顏閔數子俱相從于陳蔡而依依不舍者也嗟嗟思性命之秘
依而今已杳难聚首想英華之宛在而今已不可復識吾夫子能不
慨然也耶

兩股純用羅紋纓帶法講者所以別于一節題不肯作籠統字也
手法獨高　原評
德行言語穿得緊密圓不待言說德行處反詳于子貢宰我說言

本房合卷大題批　德行顏

語處反詳于顏閔二冉更可見文心之巧用筆之變　汪武曹

穿插波瀾亦人意中所有然較之呆講二段者工拙天淵矣

德行顏淵　一節

一名　王鳴盛　嘉定

紀諸賢以四科、不及門可慨矣。夫德行言語政事文學諸賢、可謂盛矣、乃聚於當阨之時、而離於安常之際、能無慨乎。且才之生也不偶、其聚也尤不偶。若以命世之才、標能擅美、聚於一時、則其遇境遂固已繫懷不能去。況其聚處者、不於爲文優游之間、而於兵以儆擾之會耶。夫子念陳蔡相從之彥、重慨其第不及門、吾黨從旁識之、其人猶歷歷可指數也。夫諸賢之聚、豈偶然哉。彼其得天地靈秀之氣、磅礴而篤生之者爲甚奇、而其承大聖時雨之化、陶冶而曲成之者亦獨至。蓋吾夫子固才全德備者也、高堅莫測、憤樂

原題龍卓

四項知○得夫子身上点出

相尋以言其德德無不純以言其行行無不化至於舉足為法即吐辭為經言語其一端也本其不可階升之體即布為立道綏動之猷政事其一端也若夫删定贊修垂教萬世千古之文學又孰有外於夫子者以觀諸賢或未達一間或具體而微既於德行者顏淵閔子騫冉伯牛仲弓其選也其他分德行之緒餘有聖人之一體為言語則有若宰我子貢為政事則有若冉有子路為文學則有若子游子夏是諸賢也有猷有為有守各不相讓而特出其奇立德立功立言分其論撰而皆堪名世嗚呼豈偶然哉夫人惟是緣緣無所短長者偶然然并亦過而輒忘耳德行諸賢既皆瑰

下半幅○四抱上

大都仍是分八節文字不同緣入之首文律甚細

紛紛特之士斯即得一二人相為把臂亦必有合則以為欣離則以為戚者矣況合則結侶攢環羣賢畢集離則風流雲散孤子無徒者乎即當安常處順之時亦必有小別而黯然將離而魂逝者矣況聚則死生患難百折不回散則寂寞寬閑形影相弔者乎且

文境如千頃淪漪波紋細生寄深心目

古來負其德行言語政事文學發名成業震耀宇內者何限獨至諸賢德行足以舉有道而不能挫宵人之鋒言語足以備專對而不能禦意外之侮政事可稱循吏而不能救宛邱之窮餓文學可飾緐術而不能禁州來之操戈匪兕匪虎適彼曠野亦行自傷已

揭出聖賢心事不但情文之妙

然夫子於此教自若也諸賢於此學自若也尊聞行知夷險如一

進德修業窮且益堅但使所友相依共成不朽亦復何恨孰意人生會合之緣并不可多得而離群索居一別如雨轉不在闤城中弦歌弟没猶可考道而問業焉斯其可為俯仰欷歔憂從中來者也吾黨因予言而歷志之如此然則聖賢相感（為絕）亦無非為道而已夫豈徒為聚散悲乎哉

得歐陽子風神又參以六朝氣味讀之能移我情

似斜似整忽斷忽續題面題情兩俱得之　葉太中老師評

德行顏　王

德行顏淵　一節

一名　司馬空　吳江

歷敘諸賢俱任道之器也。夫使無關斯道、則其人不足述矣、記者說諸賢所長而歷敘之、不俱為任道之器哉、且聖人者大道之宗。（扼要）故一心而萬理賅焉。一身而四氣備焉。殆各臻其、不名一家者歟。而其為教。則各因性情材質之所近而造就之。所以當日從遊諸賢。即各分聖人之道。以見端一堂之選。三代之英。可述而志也。子一日者、忽憶陳蔡相從之士而慨焉興嘆、夫夫子之念舊游。以情重也。而寔以道重。吾黨之標梗。以人傳也。而即以道傳。則（四科俱以道貫穿）試取當年任道之器。為之分其科列其數。以體聖人之道而得諸

一○然○不○走○正○文○中○正○敬○下○如近人何以日郁設金上舞魚文才譽

心精諸身則德行尚焉蓋謂非純粹以精不足為斯道植其本乃

若如愚之素養深潛獨至而孝友無間亦粹然君子之心則有顏

淵閔子騫斯人之至行韜晦無聞而簡重不佻亦淵然儒者之度

十人共見共切

則有冉伯牛仲弓記曰敦篤行而不息是其體道者歟以聞聖人

之道而宣諸口筆諸書則言語尚焉蓋識非明辨以晢不足為斯

道暢其支乃若博綜古帝之系姓而上下其議論其行難信而

才辯自足以達事情則有宰我高譽當代之名卿而周旋於贈答

辭不幸多中而詞章自足以抒義理則有子貢易曰以言者尚其

小○成○四○段○之○式

辭是其聞道者歟立德立言任道者盡受業于孔並明于體而達

股法一變

達於用則為政事政統於家國而事以紀之不知者視為粗迹吾謂達聖人之道者在是焉惟是足民自任於三年車中策衛之治非空談也則冉有在為國不讓於千乘平日宰蒲之才有餘地也則季路在之二子者出果藝之長才而功名顯其奇道之所由達也夫數其寔而遂揚其華則為文學文黻于天地而學以聚之不知者目為浮華吾謂載聖人之道者在是焉惟是以習禮為其家他日絃歌之教洵推名士之風流也則子游在以能詩書其目異時繪素之悟絕異拘儒之章句也則子夏在之二子者本刪訂之餘緒而經術發其光濆之所由載也夫總而計之旹各有所長而

總來有力

為功聖道云云故當其會聚則其人之磊砢而英多者固足輝映尼山之座而及其暌孤則斯道之一髮而千鈞者誰為擔荷絕叢之傳宜夫子憶之而慨焉興嘆也

直截老當猶有先輩之遺

以從道作主他手亦能見及而一綫穿成始終不懈則作者所獨也點次十人有與有則知留心考正久矣若大中丞加評

德行類

司馬

[illegible]

○○○德行顏淵　一節

河南王宗師歲試
磁州一等一名　李映昆

與聖人之難者，其人皆一〻可思也。夫以陳蔡之厄，而有諸賢與從，其間宜乎往難而有其樂，居安而繫其思也。且論君臣而至唐虞，論父子而至成周，未嘗不嘆為千載僅事也。迺覽于陳蔡之師弟〻，然各有所長以自表見，其與唐虞之君臣、成周之父子，未嘗不並稱焉。昔吾夫子以貽王之聘，厄于陳蔡，厥後圍雖解，而子西之沮之〻言，有王之臣有如顏淵，有如子貢，有如子路數語，則知三子固子西之所患忌，而抑知其從夫子于陳蔡者，又不止三子也。緬其德行，則有顏淵、閔子騫、冉伯牛、仲弓焉；緬其言語，則有宰我、子貢焉〻；其政事，則有冉有、季路焉；緬其文學，則有子游、子夏焉。而吾于是〻

起○得〻問〻法○

入徑迥異

首藝

二義之深天落細響

天地生材之意也從來材之生也各有其會使無一人焉以聚之之散矣即有人以聚之而無一聖人以聚之則聚者亦不大聚矣天生夫子固將以大聚之也聚其德行而吾黨有作命之士聚其言語而吾黨有才辯之士聚其政事文學而吾黨有經濟之士與博今之士彬彬乎內可以立体外可以達用也豈非股肱大道之材哉而吾于是見聖人用材之用也從來材之生也各有所長使無一人焉以成之則廢矣即有人以成之而無一介人以成之則成者亦未必盡成矣天生夫子固將以盡成之也盡其德行而天下始知有功能成其言語而天下始知有應對成其政事文學而天下始知有綱紀始知有詩書秩秩乎無不沉潛之器無不高明之材也豈猶是三代以下

二股中猶今道却出此陸談

之英哉使夫子而得遇于世也則以德行之科而坐鎮雅俗以言語
之行而奉命皇華以政事之科而分司牧以文學之科而備顧問周
可以啟唐虞三代之盛使夫子而安居而處也則與顏閔若而人商
性情之蘊與寄哉若而人歌韡澤之章與身有學而人鐵富教之如
與子將若而人訂刪定之業亦可以極一堂斷論之歡奈何時命不
獨值此大陸匪兕匪虎率彼曠野德行不足以化致言語不足以得
結到陳蔡之厄見夫子之思有情
兵政事文學不足以靖難嗚呼傷哉吾道窮矣雖而絃歌之樂助之
者有人和之者有人至于今而洙泗之側形影相弔杏壇之上聞其
無人乎獨何心能不悲哉
□撼發文字最雅韋一根而枝葉皆動翻冠長即重顏矣中幾

兩節俱剝極深極悽如若隱見洪

德行顏淵　好學

江南楊學院歲入
興化縣學第四　李蘷火

諸賢各有所長而好學者尤足思矣夫顏淵首列德行以其好學也舉以對康子想群弟子所不及者乎且凡業之未純者（揭出融洽）由於心之未專德成而行立（包羅一切）非篤於學者弗能幾也不然鶩所向不堅則所造易量即各挾一長者亦可與幾美矣曷由軼而上之乎昔夫子設教洙泗間弟子（提挈）甚衆其中獨顏淵好學不倦記者追敘與難諸賢首書於德行之科（叙首節）雖德行非一人（原有次第道著諸賢却不是過遍）言語政事文學亦各有人（清四與雜時言入文節）（柔蒂）而顏淵深遠矣觀於不容何病之言平時之教學相長當有過者乎（兩翰）然使與子我子貢共處一堂其析疑辨難或有勿如回固無

言不悅而已一時與之並稱者惟閔子閔子之學不傳而獨以孝聞彼其不仕季氏也既不同政事之由求而其言必有中也又豈比不佞之仲弓名為德行不虛耳夫盡孝者固德行之本而謹言者亦德行之要彼南容日取白圭而三致意焉其於學何如者夫子固嘗以兄子妻之而好學之稱專歸於回雖閔子且不及況南容乎蓋德非學不成行非學不篤回之好學治其內而不弛其外崇其實而不局夫華豈僅若游夏之儔所謂學者徒以文著也哉夫子舉以告康子誠以德行未有如於回者夫固從好學中來者也冉乎名雖德行之科身已同伯牛之癈弟子雖衆如回者可多

得哉

虛點首節將諸賢姓氏淩吹補點於後新變可喜 楊晚研先生原評

諫中有容鑪錘特佳離者聯之畧者補之於穿插中觀其面幹尤宜於術序處觀其剪裁 黄孝存

德行顏淵　一節　　錢塘周經邦　理齋

記諸賢而各表其長，著其人之足繫聖思也。蓋顏閔諸人，予患難相依之人也，況擅其德行言語政事文學如此，予能勿思乎。且聖人之門，身通六藝者七十有二人，未聞子一一都記。其所記者，身丁艱危，周旋戮力，以共濟時艱，復紛吾有此內矣。心數焉而托之微歎，人情乎哉。記者廉得其實，為標其人數曰：夫夫也，吾心之所志也。一世人皆欲殺，而不得殺者，道德之氣積厚，而衰惡不得中之以危，邪不勝正，吾久卜聖賢無死法也。天意憐才，而有時不憐者，聚散之得有分，即賢智不能力以[illegible]物[illegible]，故此即造物亦

無柰也故閔損耕雍季賜由求商偃甚右圜則　闤闠則散去

理也亦数也子又何悲而其所以不忘者以德行言語政事文學

故耳乎古奇尤篤拔之才大都（且軍突起真定搖山而蛇至）得自地靈所効會為鄒七百里

之內泰山巖巖洙泗水湯湯於時生其地遊其所者盡東南美夫

得天地之氣（抗句）厚者所成就正復不淺今顏閔輩卓卓如其要亦地

氣使然與平居攬勝擷來以自成一家即至時事驚心猶得以頤

德茂才祈兇頌之燼熖此才不易子所樂得以為弟子者也迨

事當而天下見指而目之曰德行曰言語曰政事曰文學之子造

乎談諸賢轉突兀矣一時純粹疏雄之士綜皆出自人傑所培乎

誠至聖數仞墻之中宗廟之美百官之富但得升其堂入其室者悉陶冶而成夫受師友之功深者其標著定有異人令顏閔輩表表如是要亦天事所開與居安樂蘀敬業以各精其能就令非常

道大莫容之嘆妙在含蓄而不露

變起尚得以理學文章深交生之氣味此行不惡諸賢願為子依歸者也迨喪亂平而思前事追而録焉某某德行某某言語某某政事某某文學諸賢不一存孔子怨無賴矣嗚呼聖賢之事業豈

頌不及門有感

在憂危以無道之天蒸蒸有道之士此正聖賢之功名矣至門泣

引而伸之觸類而長之

而易象成金縢敘而官禮就子伏而思之文王所以見諸琴苑公所以徵之夢也憂戚之玉成定堪不朽矣兵賦氣銷為日月之

光此實友朋之際會矣求車而東國[illegible]于挨地西河謝友統登
傳之遠邁者異國望風懷想長逝者寵魄私恨無窮矣一起與以
而感生相思以道而傳繫自是而孔子亦終老矣
中二比一字鍊成落紙不朽其精闢奇創處故與嘉[illegible]玩手[illegible]
退之
奇闢處開拓後學心胸深奥處推倒古來豪傑此眉山放膽之
文也　盧又川
照不及門發論則其聲哀就四科十哲發論則其聲壯文于變
徵之中旋作羽音慷慨故其發大而遠不同細響錚錚之周新之

德行顏淵　合下三章　翁若梅

難者固可思而謹言者亦足取也夫四科皆聖門之選而顏閔尤當於聖心領其所喪者乃在後白圭之南容豈非各有所取哉

加夫子總挈全提替綱在反世

昔春秋有孔子蓋德行言語之宗政事文學之府宮墻美富難索

次章

辭人耳而行在孝經則以孝為本讀金人之銘又以謹言為功一時遊其門者各佩其訓以自淑或則離別傷之或則絪縕醞之是

不器求似

皆吾黨之英時往來於聖心而不能置者也陳蔡一綫存于其厄矣淒涼奇　誰與共嘗當是時援琴而歌吾子初無慍色弟子輩抑鬱無聊幾有善人棄爽之懷彼豈知窮而不濫困而餘亨難憑

者數可信者理乎嗟乎烏稷有天下羿奡不得死惜不令南宮氏（氏下奇橫却楚自然）
在側湘嶼堅其志而釋其憂也雖然彼在側者亦孰非人傑哉今（博孤奇力）
夫大德不官敦行不怠上也其次吐辭為經身之章也長材遠馭
國之良也多文為富藝之藪也率膺野而具此四科返宗邦乃竟
無一在追維往事心焉數而悄然悲正不徒生非助我死若喪予（剛大淡華無遠）
憶顏氏子之早夭而泣下也然無言不悅回也深遠矣夫言亦貴
乎悅之耳子有言以助回而回悅回無言以取子而子亦悅一堂
之上回也怡然子也欣然殆與偕側閒閒者同其氣象耶閒閒為（蒼雅三雄大奇深妙）
誰德行閔子騫也考閔子生平抗衡東魯學優 仕既不屑以言

語發賓客之壇復不欲以政事効櫓門之用厥後亦未嘗發慎著
左旋右抽中軍作則
書以文學自見獨議長府一言誠言微中見與聖人豈非默足以
容不媿保身之明哲者哉乃子也訪其家庭采之物議知其德行
之大端以孝稱而不以謹言著也然而行無怨惡言無口過非莊
隨來隨手法極熟　旣隨渦轉時絡有情
子之道乎君子夙興夜寐無忝所生當自謹言始不然人情尚口
樂世好諛不佞之賢反以為病矣彼三復白圭之南容子乃以兄
子妻之耶夫南容生公族之胄擁豐殖之貲上之不能無言不悅
疊矩重規波瀾壯闊
人言不間、顏閔伍次之亦不聞言可經邦文堪華國與予賜游
夏功雖載實以朝非其實錄而當官政事湮沒無傳恐難與由求

爭烈矣然其向函丈而論列、人子嘗以君子目之蓋亦冉伯牛仲弓之流亞也謹言之士不即爲德之儒哉嗟乎士人砥行立名思自表見於當世而天則阨之人則窮之徒挾其德行言語政事文學以供當途之摧折即至世祿之家攀地而蹈時然後言亦僅僅得免於刑戮古今來遭逢不偶賚志以終若此類者可勝道哉雖然附驥尾而行益顯得聖人而名益彰如數子者其亦可以無憾矣夫

（食古而化非復優孟龍門）

此聯章題也敧側固為破體凌駕易抛本位且有以言行扭合竟似命題者截去末句尤失之矣因倣史記合傳體參用

聯絡穿插諸法故循題節奏中自具波瀾自成結構識有

餘馬自記

蹊蹊安安法以神行胎息龍門非徒形似篇何爽標注

德行顏淵　一節

四名　翁起璜　長洲

紀與難諸賢而著其長均堪歷數也夫惟各有所長斯不忍忘耳而聖門之相從陳蔡者固大有人焉記者故歷指之且自抱負之不能强而齋也雖吾黨亦分同異矣而要諸不能盡同卒未嘗矯異者固必本卓然自立之素以各成一局則一節之長安可畧别其類而品可核也一日之聚亦安可忘存其名而數可紀也然則陳蔡諸賢之繫聖懷也豈無謂哉蓋聞不朽之故有三而立言立功之遂及必先立德良以原本之未端即六藝身通亦其末耳則德行固首重者而幸也顏淵閔子騫冉伯牛仲弓皆其選也德為

寔德行為寔行殆不類（帶起下段）空言之無補已然而言語者德之符也行之標也豈有言之無文而行之克遠者雖以言取人失之宰我多言而中嘗責子貢其於德行未知何如而要巳出言有章可為斯人誦之矣然則坐而言即起而行也何不可（亦用帶下）由是發之為德音布（綰定德行四項原）之斯為德政（以德為主也）吾正樂於慷慨立談之會而一一覩其施為措置也而曷為謀政事者必推冉有季路蓋治賦為宰之期許（又帶）有勇足民之自命其所優誠在是則豈猶夫尋章摘句拘文牽義之徒貽譏於偏術迂踈也哉雖然而獨不見子游子夏之特以文學著耶夫昔父宰矣武城治矣政事何復多讓即夫絃誦匡居英華共仰又

豈其以莠言之口涼德之玷為飾智驚愚之具也文學果足以盡（純是波紋）二子乎哉然而南國之從風西河之設教為尤大彰明較著云迩今追而計之蓋不必四者之絕不相通而源遠末分各因所近遂不覺於彼於此者之悉從其類亦何須此外之更為校擧而懋備材全得此已足遂不禁大書特書者之獨滋其尤是即三代之英所為萃而大道之行所為兆也陳蔡雖困其亦千載一時不可遇之嘉會也歟

四段中鈎聯映帶是史記列傳體

德行顏淵　一節　　曹友夏

聚四科之才於聖門。諸賢亦以聖門而重也。夫諸子雖賢。未有能定其德行言語政事文學者。記者序之以四科。稱盛也。夫分夫才難之說。何以獨不為聖門難也。夫既有其才矣。而且一時而分布其才。而且一事而遞生其才。此以見聖人之道之不窮也。或曰天之所以巧於縱之也。此其說似也。或又曰。此非天之縱之。而夫子之曲於成之也。吾子德賢堯舜。行在孝經。宗廟朝廷。便便可觀。三年朞月。讀著邦家。刪定贊修。文明天下。是則夫子之身。數如此。以故及其門者。或得夫子之具體。則為躬行之君子。或得夫子之一

體則人各有能有不能貞士之好學不倦也通人之發言有章也果藝之優於從政也詩歌之荷夫斯文也何其羅而畢集於夫子

君俞云革萬及門之盛此真工於翻案者師師濟濟如

之門也子方使及門共學於溫良恭讓之教而顏淵閔子騫冉伯

郗司隸威儀一一番圖畫何其妙絕動宮墻也　馬給平云四併

牛仲弓果以德行傳子方使及門共學於侃侃誾誾之教而宰我

分發則散渾發則混此卻眉目明而打局緊

子貢果以言語傳子方使及門共學於立道綏動之教而冉有季路果以政事傳子方使及門共學於文章詩禮之教而子游子夏

又借証以詠嘆之

果以文學傳子之言曰行修於內令於四而後見之以若損之斷以禮也耕之節小物也雍之不遷怒復怨也一皆君子人也雖曰以言取人失之宰予美言傷信詘賜之辨然而當時應對之材吾

未聞有此也。至於求也告以周公之典。由也稱以三善之政。偃之號為習禮。商之彈琴。以詠先王政事文學。又相為表裏。嗚呼。苟非（結到曲成意）

夫子之門。造就有斧。其妥能師濟一堂。超前絕後。有如此乎。（結到巧繳意）

不跟陳蔡。卽跟及門。嘉魚淒涼之後。忽然一派開。有如雲風

龍虎之從。此別有天地非人間矣。

德行顏淵

德行顏淵　一節　　張含章（令與）

因聖所係思者而分列焉、皆天下之士也、夫德行以下諸賢、何一不樂乎其及門者、況嘗與共患難哉、心焉數之、如之何勿思、且春秋之衰也、高世之英、不把臂而登于朝、乃駢肩而扼于野、聖道之窮也、及門之選、弗獲連類以共功名、乃至聚族而同患難、亦良足欷矣、又況重以離羣之傷、寂寞之感乎、記者因夫子皆不及門之歎、而覺昔之從于陳蔡者、歷歷猶可記憶也、曰、此中人豈碌碌無奇、弗儕輩想者哉、在當年羣材樂育、交勗于體用之一原、固未始分途以貴其造詣、迨今者事後追維、洛得其資力之所近、乃不妨

作兩層引入、使不嫌直致。

領筆有神。

四科看得圓活。

雲山人文　論語讀稿

數科以次其風觀若德行其首著者而顏閔先之冉牛仲弓次之
言語若宰我子貢政事若冉有季路皆其選也至于列文學之目
奇文蔚起
者則彬彬乎更以游夏稱焉而吾于是歎天心之大難問也天而
篤生至人而因使諸賢者群輔而翼之宜也天而摧折明聖而并
警句
今諸賢者幾聚而殲旃不可解也干城大道業堪煥俎豆于千秋
此天問之所以作也
應轉大難問
牢落窮途甚乃絕糧殆于七日幾何不以玉成至意而翻嫌于忌
寸之已甚而吾于是悼聖心之難為懷也一聖人跋前疐後而使
圓轉如意
彼諸賢者均蹈夫危機傷已一聖人援琴作歌而借彼諸賢者相
悲涼激越情文相生
歸重不厄門
覩而莫逆猶堪慰也鋒刃寄身環列之音容如昨撫明結想指數

之姓氏空勞發何不以曠野肆縱而轉歎為奇遇之難再試念諸
點此科方不失之脈
予當日德行詘于力言語窮于口政事莫能濟其危文學坐而受
其困而師弟眷依不容何病雖困阨而彌復快然今即吾子一身
德行由天縱言語為世法政事憂患乎百王文學肇開乎千古而
左右寥落淒其欲絕雖安居而能勿感然嘆乎以賢才若彼其盛
以遭遇若彼其艱俯仰今昔豈伊異人而歷數交遊恍如隔世由
境淒絕令人神黯欲下
難或可復合晤言結卜諸他年之死莫能致生會遇更期于何日
此者予所為獨居深念而不知失涕之無從也有以夫
神往會悲文來引泣不謂絕唱在前後來者乃復覩此瓌麗 王

虞山人文　　論語　　德行類

東𠯻

文有奇傑之氣筆力亦復矯健。令輿天資頴異束髮受書四六經成誦嶷其文悉有根柢既冠受知于蔚州魏公嗣後古田余公昆明謝公侯官鄭公皆以國士相品目拔列其儕偶其交流傳遠邇名聲籍甚其為人孝于親信于友嚴于取舍數困棘闈絶無怨尤諸同學哀其死也刋其遺文以問世陳子亦韓為之序謂其文不崖異為古不詭騁為豪不刻苦為能不幽渺為高其俯仰揖讓如對佳客其風容色澤如當春時斯可謂知言矣

謝憲南

德行顏淵　一節

三名　褚廷璋　長洲

聖人有因材之教、而四科材於易見著矣、蓋顏閔諸賢、有可因之材而子教之以成四科、記者故即陳蔡之事而類著之、且從古良材之所以不枉、必參天人事以成之。而要惟詣集大成者能用其才（典重）成。上就俾濟美於一堂、師弟之間、薰鈞陶有從入而亭由質造、斯英華有從出而器以道就、其各不相掩者、固一一成就於聖人而後得以專家者名也。子何以思與離諸賢哉、誠以諸賢皆傳道之材、而教思無窮之所寄、不惟是俯仰今昔感懷聚散云爾也。（纖、大、此、格）故思之深也。（提局高朗）今夫聖道大而雖名合表裡精粗而一以貫聖教寬而有等按源流本末以殊其塗聖仁極而性道歸懷厭倦忘而時中作則維子以德為心法而行尤其有與無隱者紹天縱真傳於具體而微之堯則足發者說心之蘊歟閔者純孝之徽不猶耆定命之（字字錄兩等解而出）符唐簡者藹馨之勢顏閔冉仲寔各挾其未天之緒屆而來為之培基而茂寔則身心皆蘊積也歟發假而兩端必竭行生証而曳杖猶歌維子以言為道訓而語尤其隨叩斯鳴者行無聲餘勢於智足知聖之餘則有欲者帝之不堪稽信行者空華知我屢中者幾（以兩對四）先炳識遠遊者虔說多功宰我子貢均抱其風期之肆好以居為之邃經而鑄雅則喉舌皆之極上一概東周之無夢而齎裘遺老間

涉獵訂經綸則從政何以、大行之望宣車何以愜小試之懷也
真經濟從闈修而出而果與藝分課其成闈車中富教之謨志歸（語由是○聖○門○之○政○事○）
并散銘座右先勞之訓化美貞恒舉吾子溫溫待試之略盡挈而
為冉季期啟迪遂與獻為而交茂則俗吏難焉矣恨大心之將又
而宗曾弦歌遺緒誰傳金石則宏通何以紹斯文之脈淵懿何以
肩博學之歸也真風雅以經術為先而詩與禮特鳴其盛揮絃而（典○雅○陂○得○遇○出○語○）
南國風移寧第向蜡賓懷古投杖而西河化遠詎專從箕序稱長
樂吾子彬彬有道之徵盡抒而為游夏勉蓄雖遠以陶冶而加醇
則太常不際矣若是者雖出師門而各成孤詣學焉而符所近可

論語

以識淺深之堂奥有美同臻猶分家數而不沒淵源望焉以同其
庾徐沈範
歸可以識造就之鈞衡無工不化不然而惟是今昔聚散云爾也
僅著諸賢姓氏足矣何更標其德行言語政事文學之名以冠之
昌谷云骨重神寒天廟器義山云句奇語重喻者少斯文足以
當之點十子處尤徵確須殆寧爲其難者耶

德行顏　禧

德行顏淵閔　一節

江西高學使歲考
覆試新建學一名　趙士疇

傳諸賢之德與才者、傳聖教也、夫有德與才而不入聖門、亦安得傳、且並傳耶、此以見聖教大云、蓋聞大聖一出、得遊其門者類皆偉材、然養之者大且純、則其傳也章、養之者不純而又小、則其傳也不章、德行大也、純也、言語政事文學亦大也、而未進乎純、說者謂天之生材有能有不能、若四者要各有所能焉、非苟而已也、紀其人若顏淵閔子騫冉伯牛仲弓宰我子貢冉有季路游夏、是之數子者誠可傳也、○○集○依○從○淵○熱○似○古○人○ 獨是君子之生、亦有幸不幸焉、使數子各挾其長而不共出、一時相與考德而問業、則有不幸其偶者矣、登孔子之堂、儼胥其車服禮

八朝直省考卷篋衍集　論語

器而見知不與則有不幸其時者矣况夫陳蔡之阨倘天不假聖德以長而諸賢盡殁於顔暴一殤則有不幸其身者矣雖有德行言語政事文學亦何恃而傳幸而一傳傳亦不顯今則於三者不幸之中僥幸無有是可以傳夫復得謂士君子不幸與碌碌者同湮沒哉要之諸子傳而夫子之傳心者愈傳吁舜有五臣武有十亂乃吾夫子復有四科則師道與君道而並傳矣故曰傳及門者傳聖教也

數語未必然見似

正希先生作超絕今古矣此獨能出其範圍妙妙　高學使原批

直似歐蘇贈送人叙其過流俗處忽在間架波瀾不止在瑣瑣駁駁也

德行顏淵　一節　應兆昌

德與難之多賢、宜聖人之憶之也、甚矣賢人不易聚也、何從乎乎難者、有四科之盛乎、記者詳列之、知乎之憶之也有以、夫嘗觀天之生才不數、生才而相萃於一時、更不數、然有其人矣、而或師濟乎朝廷之上、猶之乎其常也、或駢對乎平居之際、猶之乎其常也、亦安有以布衣韋帶之士、躬當患難、而多士景從、若吾黨之在陳蔡者哉、昔子之困于陳也、道德不可為甲胄、辭令不可以解紛、經濟無所施其才、詩書無所展其用、說者以為積行如夫子、辯論如夫子、應机酬務、博聞強記如夫子、而竟率彼曠野之中、顛難如是、當有不勝寥落之感者矣、乃考其時則、丹陵尋予諸賢作一殿、坐論絃歌、周旋左右者、固不乏人也、噫異矣、雖然辨焉遇變、未必其羣而聚之也偶焉與雖未必其棒而從之也意斯時有誠篤之儒者或未必更有英華之士也有英華之士者或未必更有明斷之才也有明斷之才者或未必更有淹雅之子也若是則猶未足異也乃考其時則德行有人矣而言語又有其人政事有人矣而文學又有其人意更異矣

此段出四科作一頓

雖然有其人安必皆當世知名之輩有其人皆當世知名之輩安必於此之各多其人將求之德行而德行僅得一人焉求之言語而言語人得一人焉求之政事求之文學而政事與文學俱各得一人焉若是則

此段明点十人

異而猶未足異也乃考其時為問德行若而人哉則顏淵也閔子騫也冉伯牛仲弓也誠篤之儒不一人也為問言語若而人哉則宰我也子貢也英華之士不一人也為問政事若而人文學若而人哉則冉有也

還頭但見超處

之地季路也明斷之才不一人也子游也子夏也淹雅之子不一人也而皆從予於陳蔡者也噫異甚矣夫以夫子之聖濟諸子之賢豈不足以道濟天下備出其德行以與夫子教世而厲俾出其言語以與夫子宣肆而布令出其政事以與夫子奏庶績之成出其文學以與夫子表經術之用此吾道之幸亦斯世之幸也奈何乎以如是之才竟使之卒終於野而坐論絃歌哉

此文通篇布置在四大段首一段從夫子身上兼具四科之美是題前取意末一段從諸賢用世各見其長說出師弟有爲之業是題外取意此首尾閉合之妙也中間兩段一翻四科之雖全一翻十人之雜條又從題中取意而兩段節節自相照應連絡此中段安頓之妙也

題文徵 下論 德行節 應

至若言陳蔡情事。尤復感慨動人。文以才勝。未嘗不以情勝矣。一氣可成。通篇只如一股。而轉折頓挫。純乎古文。毋異才也。倪滄柱

德行顏淵　一節

六名　顧成傑

與難者分標其目、諸賢皆首選也、夫顏閔諸賢、而先標之以德行言語政事文學、皆聖門之選也、夫子其能忘諸、且春秋之天一至奇之天也、生一不得志之大聖人、而又踵生不得志之數賢人、嗚呼、則豈天獨不憐才哉、不知其遇窮其遺顯也、昔夫子以詩書禮樂友教弟子、蓋三千焉、身通六藝者七十有二人、陳蔡時不必皆從、而從者皆卓卓可稱者也、首紀德行、著品也、吾得四人、曰顏淵閔子騫、一以仁、一以孝、德莫厚、行莫隆焉、外此冉伯牛與其族人仲弓、祇德礪行、俱為冉氏之良、以余觀諸人品至高、其文詞不概

（便有奇局氣）

見何哉維時予與賜以言語顯宰我所問五帝德及帝繫姓章矣
（透段點次古逸盈然）
賜不幸言而中存魯霸越名顯諸侯不虛耳獨是小邾之奔也曰
使季路要我〻無盟冉有謂其一言重于千乘矣然而冉有季路
（奇情）
皆政事才也二子者先後宰季氏仕私門時不遇也武城莒父政
（又變聯絡）
（之法）
事不亦顯哉而游與夏寔以文學著當是時游年十八夏年十九
褒然詩禮殆非後世文人學士所能彷彿也孔子修春秋豈得以
（波句遂節變化）
一辭莫贊而少之哉一之數人者或以德或以言或以政以學皆不
（應不必皆從句）
朽業也小〻聚會悉屬英才乃顏淵夭伯牛殞子路死宰我入齊
子貢使越冉有仕衛游夏設教冉閔窮居風流變滅遂成千古世

無孔子不當在弟子之列孔子能勿思之弗置哉

收筆老

不起波瀾隨題點次似五代史一行傳文法

德行顏

顧

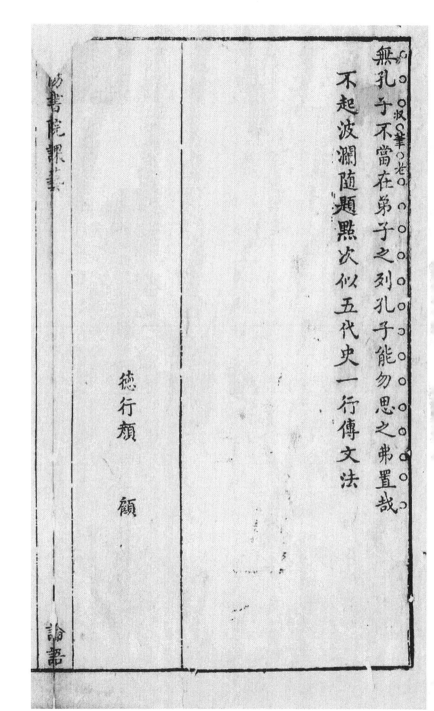

德行顏淵閔　一節

江南李學院月課壽州學一名　顧畏壘

處雜而集多才，其人誠足悲也夫。以德行言語政事文學之才，而置之阨抱春秋之世，可知矣。然而其人足傳不朽也，故因子言而紀之。今夫人才之生，天原以之為天下也。獨至春秋，人才不足為功于天下，而天下反足以用人才，則雖不逢時可慨矣。然而千古之奇士，往往歷乎險阻而彌彰，測天之困以一時者，正其通以百世者也。陳蔡之從夫子者可紀已。持身涉世之際，識定則遇難不驚，而況奉聖人以為師，則感慨不平之思，盡化而為鼓歌絃誦矣。同憂共患之倡事過，則其人不爲而呪集英傑以追隨，則形容既渺之餘，猶共識其文

起講尚是凡語

須敍高寄

悉風流矣以具聖人之體則爲德行克復至而爲仁顏淵其夫子所
深契乎父母順而爲孝閔子其夫子所樂乎若夫危言正行冉伯
牛未可及也寬洪簡重仲弓亦不易幾也而陳蔡之間以德遇暴惟
坦然俟命而已以闡聖人之道則有言語以言取人宰我豈夫子所
樂稱乎矣言傷信子貢豈夫子所深許乎然子亦有言吾于予取其（以虛對實處著變化）
言之近類也吾于賜取其言之近事也而陳蔡之間口舌難爭惟靜
以待時而已至于分聖人之經濟而以政事著者冉有能足民季路（不離乎無既照顧陳蔡集在說得聖賢身分出）
可治賦而時値陳蔡雖有禦侮之才應變之略而不一試爲器貴乎
藏也得聖人之英華而以文學稱者子游習于禮子夏長于詩而

徊陳蔡雖有滄溥之餘風雅之度而無所彰焉道存于緜瞭也從衆賢才行成于君相而諸子之賢君棄之相忌之舉撫世御物之財而備嘗夫險阻艱難之患亦甚億矣而當日不以為憂則諸賢之涵養深也故雖境之既遷其盛事每深人想慕況其為師弟之情哉從來君子能造乎時命而諸子之遇時不可問命不可知取道全德備之身而不足于朝夕饔飧之計可謂窮矣而當日且以為樂則夫子之裁成至也故雖人之已往其勝槩尚留于人心豈徒與聚散之感哉差乎百世而下仰溯風猷猶如覿面一（有遺音者矣）時之已何足為聖賢病也

容詠恬吟瑰姿譎起不作悲涼感慨語更佳　李學院原批

以朝苗省考卷發以此　論語

激昂痛快之詞。前人已說盡。獨寫得溫柔敦厚。正後來之無極此

寂工于脫換。中間四段。質有其文。尤一字不率爾下也

德為聖人

姚培和

德至而孝亦至無忝乎親之身而已蓋子為聖人固親之所厚期而難必者也以觀舜德不誠無忝所生乎今夫孝庸行也亦庸德也必聖人而為孝乎則古今之為孝子者寡矣然幾人焉第親之于子不能必子之為聖人而無不樂子之為聖人則子身無斷而親心大慰欲榮親格親之說又何論焉如舜之孝非以德德其大者乎人子之願欲何窮一念身之有自來則據盈虧至時恐以一端失德貽父母憂明乎子之淑慝原與親為休戚也故孝不一而以德為養志之壓二人之期望何限詧思子之為分體雖語言嚬笑時處有纖微敗

德為生平踐明乎孝之無忝者有子之真類也故孝無違而推立德
為不匱之本而特難亦為聖人也神靈不替有子即真自振拔豈遂
為終德之人哉餘躬嬌行為子者似可告無愆而逐之意微終愧
聖人二字淺剔精彩
性量之未盡者非易材觀即瞽叟雖嚴豈遂膺虞德之望漱微長
小善為親者或亦顧而色喜而要于極致則堯風頹之難翻乃舜有
真德矣德已為聖人矣此而同為聖人而榮其親猶以恒情論而非
孝之大光也當日瞽瞍特為不類耳然世德作求不失神明之胄將
無端生妙語　警人
舜遂不得為孝子乎且何以明揚側陋有德不難共戴而吾親頑囂
所不容言　議論[illegible]為[illegible]理處
之號歷數百世而不能易也可知德被其陰亦冀無忝於所生而聖

人之分量原不在蓋愆歸善之例歟其孝為大而光此而曰為聖人
而格其親猶以境遇求而非孝之大順也當日瞽瞍幸而允若耳倘
德不能化時抱無歸之憾將舜又不得為孝子乎且何以祇載齋慄
仍以聖善覲其親而仰父悔過之言（更妙）求諸書史而不一載也可知德
莫與京第吾無咎于厥考而聖人之隱懷原不存潛移默率之心故
其孝為大而順叙瞽瞍獨非人情乎而有不樂其子為聖人者乎
後世有變墜門為忠節者父子要不相及聖人固非可追贈也顧
舊之號歷百世而不易悔過之言求史書而不載名論快語具此
手眼乃善讀書通體才致艷發筆力英偉坐嘯生風誰當與角

徹也助者　一般園集　周福祥

義有取夫徹者而助之名更可考矣夫周之取義夫徹與助不同而仍同也然則所謂助者不又可考其名乎且不明乎合作均分之意幾疑我周徹田為糧已革前朝之舊制而所謂助者終不可考矣豈知稽法制於本朝自具均通之義而緬井疆於前代猶存耿亳之名義可釋而名更可詳臚臚周原詎昧芑芒殷土耶周之徹何如哉夫徹者固與助者莫非什一也想先王易助為徹徹似不同於助者而因助立徹徹究無殊於助者迄今思之則曰徹也聖世之田廬無恙耶流泉原隰徹也早肇自公劉焉是助者未改其制而徹已多歷年所矣本此意以均齊

萬類而火耕水耨旱萃閭閻之物力而調劑咸宜小民之作息
依然也周官王制徹也更定自元公焉是助者已易其名而徹
又別具精心矣體斯意以惠溥民生而納稼築場早深入愚賤
之心思而經營盡善徹也非復助也然而助正有可稽者一代
之規模自有一代之精田相與維繫易殷而周知有徹也無復
知有助矣隨時定制殊其名不殊其意故鮮夫徹而豳風豳雅
可知我周稼穡之開基而前朝之制度早合我朝之經畫默寓
權衡居今稽古既知徹也可上溯夫助矣監殷定制會其意當
顧其名豈命以徹而為溝為塗盡廢殷先哲王之井里吾用是
進思夫助者六七王之柏社已墟似所謂助者亦難按古尺以
相稽矣然而助法實先徹法而定也今即運會稍殊而亳邑宏

規依然如昨蓋助實有所謂助者在爾十四畝之廬舍已古似所謂助者更難拘跡以强合矣然而曰助不因曰徹而淹也今即流風罕覯而景山遺則自古維昭蓋助確有見爲助者在爾考之我周都鄙用助助者殷制而周用之即謂助猶之徹也亦可矣然助非徹也蓋取乎籍也

也字者字獨見分明

第三十四冊　卷一〇一

徹者徹也

存真集　王子健

繹徹之義於周其名可先考焉蓋民不知有徹而其心渙而難收繹徹以徹周之命是名者不有足味歟孟子意謂自諸侯制昧遵王去其籍以自便雖徹之起自田間且不解所謂矣而以逕追維成憲覺宇宙大同之象君民一體之情畎畝之間如或遇之蓋其經制之美意有與小民之樂利俱長者沒世之不忘有由然也什一之制夏殷周無不同矣顧歷朝之命名各殊而昭代之典文最著徹其果安屬哉疆埸之交可分亦可合分者息其爭合者和其氣也先王知一心齊力有以肅農民偷惰之風故耕曰千耦耘曰千耦初不使我疆我理竭手足以營私畎

澮之閒有豐亦有歉歉者鄰於害即豐者難自安也先王知益寡裒多有以泯貧富參差之迹故田曰大田稼曰多稼不欲以我庾我倉侈蓋藏之獨厚匡羈紬繹其義亦曰徹而已矣不易通者民之隱徹則有以孚之徂隰徂畛之餘彼與此共此胼胝上與下並聯為指臂蓋通變以宜民三時之勤勞視為一家之作息則此疆爾界之有不屑也至難均者物之數徹則有以裁之如茨如京之際贏與縮各準其分家與國即兩持其平蓋均齊以適中我稼之既同統此百室之盈此則酌盈劑虛之有其道也隰原之相度也流泉過澗之區土壤豈易墝饒沃自徹田為糧而春酒羔羊秋風蟋蟀雖然有康樂和親之休焉蓋惟推本於徹斯民財以通國用以均一言直該王業之全耳試為置

身主伯亞旅之儔覺舉類稱名作者初不明示其意而井閭之
氣象睹指知歸禾荼董而詢周原宣畝之勤不恍如睽日哉江
漢之旬宣也五比十聯之制疆界亦借以經營故徹我疆土而
噭鴻用集同馬與歌怡然有勞來還定之美焉蓋惟遵行乎徹
斯通而咸集均而無貧精意猶異代相師耳試爲搜輯故府遺
文所載覺數典忘祖後世誰復深究其原而湯平之隆規因丈
立義瞻黍苗而登隴畔務農之業不常昭天壤哉而助之爲藉
可進言矣

徹者徹也　二句　　匯海集　陳國昌

為徹助繹其義見立法之美意焉夫不明徹助之義遂疑其名之異於貢矣進繹其義而為徹為藉不足見立法之美意乎今使用民力而弗恤民心非先王公溥之意也借民力而必傷民財非先王寬厚之忱也夫惟取法乎王公故昭代有成規恍然見大同之象亦惟制存乎至厚故前朝一法殷然呈大順之休前人即義以命名後人顧名以思義紬繹焉而取民之制均亦愛民之心見矣什一之制三代同然是周惟因殷殷惟因夏而何以有改為徹者有改為助者蓋即其名而考之覺三代創制之各殊即其名而思之見累朝規模之悉合彼貢之義顯而

有徵而徹與助之義則徵而可考治國之患莫患乎上下之情相隔隔則各私其力而此疆彼界朝野遂呈畛域之形即使強為繫維究難言無違心而有通德周先王知取民之制貴有公心也故徹取乎合東作必資合作地不別乎南畝東阡徹取於通通情弗逞私情衆不分乎此優彼絀合君民為一體而一時之宮闈草野直不啻手足之衛腹心斯何如均一乎且徹豈特為創始哉試思穡事盛於公劉而徹田為糧祖宗之遺規可守即諧聲轉韻經儒之論斷不必創一義以妄為參稽所以即實以定名俾知維正之供大府非自封其利而均收通力於以呈治象於大同蓋徹者徹也治國之患尤患乎上下之利相征征則各愛其財而手胼足胝閭閻誰切趨公之念即使強為効力

究難語意公義而無私心殷先王知取民之制貴有厚意也故助貴乎共耕耕作則衆力交資何慮此勤而彼怠助貴乎賦斂收斂則民財弗竭奚慮民瘠而國肥統遠邇以圖功而一時之秋穫春耕直不啻子弟之助親長斯何如仁厚乎且助豈故為更新哉試思殷法多詳王制而籍田不税亳都之舊典如新即簡斷篇殘經父老之傳聞不敢易一辭以別為臆斷所以循名而核實俾知勞民之力大君惟自薄於供而樂事勸功於以協民情於大順蓋助者籍也是故徹法行而豐歉與同君民有維繫之意助法行則勞力不怨君民有軫恤之心百世下稽徹助之典章恍見二王立法之美意焉

衛卿可得也

何麗天

援卿以動聖人，不知聖者也。夫彌子何人，而以衛卿炫孔子也。乃欲其主我，而曰可得，其詞亦譎矣哉。意謂今使仕宦而至卿相，果能旦暮遇之，亦何至歷歷侯邦，栖皇靡已乎。然大權旁屬，勢難擅之于臣，而提徑可乘，務若操之自我，語甚怪。勞勞于車馬者，幾經（靈公）敝邑，猶甘抱拙而不為也。有如孔子而肯主我乎。妹上向多君子，豈燕竇不足倚驂，然欲一之淹鹽梅寄焉，恐賢如伯玉、史魚，而薦（伏而入）不能假于而致台衛之任。敝廬素懸賢豪，豈至人不堪稅駕，一揭側寵榮靡焉，則何必素絲良馬，而應求偶合

見此

孟子

分簪紱之光今夫孔子之欲得衛卿也久矣游歷者
十歷　歷邦徼三王之蹤嘗其籌治略於車中一曰富之再曰教
之此情非不虛也然而從入無緣則雖志殷攬轡必欲酬斯志斯
行之願而離委之重權抑衛斯之不易爲孔子得也又久矣乘軒
者三百人而羣僚無一言之薦即其卜居倖于顏氏左孰提之右
孰挈之相愛非不深也抑亦事權不屬則雖望切彈冠猶不聞一
命再命之榮而違言夫大任然豈所論于主我哉夫主我則何不
可得之有平居出入公朝加諸膝者吾何以墜諸淵者若而人當
亍之福威亦能伺喜怒以參其議孔子寓不聞之乎未嘗干之無

謂上無其人也否則翹翹者而不招以弓何以見帷幄得君之厚
威昔周旋士類順而肅者我為政悖而降者我為政私門之進退
大都因愛惡以異其施吾子獨不知之乎從吾遊者吾自能尊顯
之耳否則區區者而不為予畀何以見主賓投契之具且夫功者
難成而易敗也時者難得而易失之厄豁之命沮於晏嬰書似之
封寢於令尹雖執政之多猜抑亦高賢之自悞也設不覆轍是懲
而猶以空谷之心終棄不[illegible]之往竊笑其自許者太疎苟寵遇丁
守[illegible]抱招訾之恥寓諷譏于輿竈重違汲引之心雖一時有[illegible]
之[illegible]後形之悔也茲幸扶搖可接而聊為明廷好爵[illegible]

孟子

孟子

僉自即所以收功者共覽嗟乎當路有逢迎竊願因永好矣

作珀之報若餘可波及且將由膴仕而聯姻婭之歡孔子諒不（章到子路）

棄不乎亦在乎之善辭矣

氣纖赫赫復酬情於盡結綰纏錯心花怒開亦善於辭令者

矣

衛卿可　何

衛卿可得也

○姜遴

俾臣挾得君之術而以衛卿動聖人焉夫曰衛卿矣而可得之彌子哉得之彌子猶曰衛卿乎哉乃其謂子路若曰今之服冕乘軒執國家之政柄者夫亦非無自矣然苟非所取之徑甚捷而所操之力甚裕則愛莫能助未敢輕以許人耳吾謂孔子之于我者非明知舍館之定而強邀以為好然念當世之一人而所如不合予實不勝扼腕矣上下之交其能不介而自孚乎抑非好為過賓之禮而虛席以待遷也特念從若之倦遊而用行莫以子亦不勝失志矣姻婭之間予寧有懷而弗吐乎我為衛謀而得一卿焉舍孔子誰可也則我為

（截從衛出起在彌）

（子只信口說來卻使讀者感慨無盡）

（呼得醒亦）

（撤得提）

（動得子路推尊本懷）

（更動得子路從遊素志）

考卷中墨

孔子謀所得焉夫何衛卿之不可也原夫位以時升安能立致身於
通顯則小試固無嫌耳然使賢如孔子而猶不以大用者待之非惟
無以展其才而亦何以副其望也蓋吾一舉念間而已不敢以筮仕
之常輕為擬議者也國多君子何至借卿材於異邦則與援亦難恃
耳然使我於孔子而猶將以難效者謝之非惟無以增師友之光而
亦何以降譬宙之氣也此吾一度量間而斷不致以好爵之縻徒托
空言者也吾聞子西諫書社之封平仲阻尼谿之授天下之深忌其
為卿者類然也乃至於衛而我獨為之代謀雖疑謗交集不患君聽
之移矣生平知己曾有其人乎聊其通籍於中都之宰脫冕於攝相

之年宗國之試卿而不終者且然也然得於衛而我可為之內主則調護有人奚憂主眷之衰矣時不再來盍為勸駕乎嗟乎（對不粘）以蘧大夫（近密）之執友而贊相郊迎之外未許同升則知虛譽於廟堂者跡不若密（用正筆）謀於帷幄者要也以寡小君之知人而殷勤禮見之餘不聞朝命則（次轉徑捷）知宮闈有外交之嫌不若左右無先容之失也倘不量予衷而褎回（次轉力裕）如故予亦無如之何而豈吾子相從至衛之初意哉吾子以為何如

惡言不入千載猶有英氣而衛卿之言子路以告何也蓋彌子此語原有飛鳥依人不辭效力之意此子路所以不直拒之也此文最為得神○尤妙在句〻是熟商量口氣莊秋水

題止五字而柄在上向既不得連稍脫則無力矣後半以旁襯為榮抱是運腕之巧也何義門

若徑誇張有己聲勢挾卿要重一面歆動一面劫制恐不待子路早已拂衣而去矣文直是會說話愛慕孔子痛惜孔子把平昔所如不合無限傷心都向子路面前代為寫出絕不見有挾卿要重之意而子路自然入其彀中妙絕

衛卿可　姜

衛卿可得也子路以告

王大宗師歲試取
進閩清學第一名　黄聘三

倖臣以大權自多矣者不能黝然矣夫衛外非誅之所得私予何竟以此相誇哉子路于此殆亦有不能已于告者歟夫祿曰天祿位曰天位明乎錫予之有自也而竊大權以爲謝者久非營入覺所爲道矣然彌倖既若有意以邀求而吾黨何妨作無心絕則之辭而遽從所別有寄焉者而非徒艷其勢也訴子凡子之主之於然以親多知從實得同心之告語也篤於然應可從勝而言而此先以告我一言告我乎主之則必思所以動之彼又焉討衛卿之不足

詎为可得已矣富貴固有情不可知者時耳
文獻聯上傑相清之氣而彌子以為非道大而莫容寔負了
江洛孔沂傑以貴介衒知難梯高位以栁償一功名亦甚矣
最難消遇耶孔子所不合誰与列鄉尹之班而彌子以如
道高而毀來寔勢閑而援絶也同行路以相權儇以千進有
堪擯斥祿以相根孫子之謂子路如此豈非歆子以以此告孔子
乎一顧吾思之矯駕餘桃之奔動愆祿既由于私竊無鄰得毋以已
之倚遨北並歆動人之心獲乎乃三至于衛之身見莫得其道
而情誼即歆有心從行終奄握手之會耳今何幸其御于

與其一言道達而使環轍之老忽轉為東攄之人未可知也此猶

子也深有望于子路也綿帷再拜而不厭夕聞矣矣亦

向至于內變之不可親支與外援之為可助乎以三月拜根之數

詎有出于依權而附勢足即是秩偶致亦祇遇合之々心今已識

其知綿子也則闕其斤揣相揆而以如鍾之明遠達乎師長之

不見于此也子路之不為有所弟子者也乃何意子路竟率以

合也乎

户是此外彌子者敬魏至聖之光似常與語言之意

而乃天假之緣闈幃之雅通其意氣之殷乎則些

之園壹可知也吾于是為子路異矣既知不善之

陳亮奈何變人之語竟為記憶弗忘來濟切於
皆也子路思厲何心也要之挾其旅而來者以位爲欲（收束亦工頗）
去意述所而進者其人無鄙矣士何必絕情逸孔子以不仁旨
之斯可　聖人之進退兒不苟矣豈肯漫主于小人哉

王大宗師原評

筆致挺拔詞旨雅鍊循題解义聯絡自肰

衡鄉可

黃

適秦

金溶

伶官有適于秦者不忘周之舊也夫秦西周之舊都也缺也適此其殆不忘周之舊乎且自悍獯之後相習成風而古聖王灝灝之休聲于今雖再矣孰知懷遠念于岐山西方是纂結遐心于函谷東土長辭以為今日者諸君皆適予亦從此逝矣則同調者有同心雖欲留焉不得也如四飯缺則何如者彼其帶澧蘭之遺躅返駕何期攬撫玉之芳踪迴車無日則繼大師而他適者固紛然各往矣而惟缺也獨繇繇焉司夕食以聯佃斯亦孰齎裹糧時所不得不慷慨歔欷悽愴泣下者也缺于此將何以為情哉伶官其盡

時藝璣觀　論語

徵矣曲高寡和入奏皆成激越之音則當此寂寂無人安能依韋
國以留連忍而終古絕調其誰憐乎自擊傷心升歌愁屬悲涼之
韻則當此寂寂無偶亦惟望西州而戾止乎爾孤行一蓋缺也又以
于藏譏秀美鬱爭示
適秦聞矣缺亦安在而不可適哉向使于也匪薾然孤往則夢澤
方城之地亦可停車續也果携手同行則巫山汝水之間亦堪托
足即不然而臨淄之内即墨之區夫豈不足為藏身計者而何為
擇地而蹈志雖合而跡終殊也況廻首過家六代之宮懸未絕而
載瞻汧渭二陵之風雨堪嗟缺也適此其殆西歸之意乎吾聞之
有感矣嘗謂終南象盛輿之鐘而必藏焉以俟明王之作恐權輿

黄馬毀教已非胡為乎命駕函關徒嘆公庭之閒寂也第思歌雍下邑奸雄之僭亂力有難回而觀此波蕩或得淵鎬洛涓滅感慨而寄榛苓之望將昔心如訴傷今更餘吊古之思鬱ゝ者殊難自禁耳不然舊君可念也又何必羈身鄠杜並啟人以屏跡雲散之慼將謂雍土非西戎之始而必適焉以聆諸夏之聲恐擊缶搏箏歌呼已陋胡為乎停驂渭水坐傷君側之蕭條也第念舞佾私庭故奪之遷流伊于胡底而與時俯仰或得接岐豐舊上遂契而追鼙鼓之靈將古調獨彈鄙殺亦作好音之慕咸ゝ者聊堪自慰耳不然故國可懷也又何必遊跡咸陽徒動人以響絕塵沉之感嗟

時藝環觀

○嗟遲稚纓之音○而結于喲之響缺抱寧忍而出此而特是芹藻寒（秋○云吉○春○水○吉○知○義）
○旅遺風日墜靈臺類辟徑蹟匪遥况尋勝地于比國亦堪遊目湖
伊人于秋水豈無知音則適彼樂郊庶幾爰得我所乎而要未必
惡然于宗國也○迨觀方叔諸人之所入其心誠不可挽矣○
清挑秀麗曲盡心手之妙所謂筋力老王微而成就于謝眺者

逢泰 全

樂其道而忘人之勢　吳襄

知有道而不知有勢者、古賢士亦有然也、夫真能樂道、豈猶知有之勢乎、古賢士豈其不若賢王也、且令之爲士者無所得于已後有所慕于人、夫無所得乎已、何足以致人之好、有所慕于人、又安於（原評○從○賢○王○引○入○士○身○贅○字）之不我傲、盡亦觀於古賢士之自待乎、古有善而王好之、而善之（細○詞○古○其○道）已、其于在人者則有間矣、寧士也、所反不自好、乎王有勢而王之（詞○古○人○之○勢）而勢之在人與其在已又有間矣、寧士也、而反有所不忘耶、蓋甘道而忘勢者亦猶賢王之於士也、樂在道耶、夫道則誠可樂天下（仍○稍○質○大○塊○說○曾○其○字○未○加○青○采）亦有務焉足矣、王公之相賞而身受者、竟若發撲相遺也、將寒窘言

稱蹤歡聯處實閒編實之遺吾向謂然高寄耳而尾在外之可證
若吾一以其道從之而已矣忘在勢耶夫勢則誠可忘天下更無所
揚於自視為尋常無異而旁觀者竊為眷戀不已也萬鍾可輕千
常碌碌日觀夫纍纍之狀毋自棄然不屑耳蓋其在己之所得此
于勢無與而已矣夫然而士之所好在士而士之所好不在王矣
所忘在己而士之所不忘獨在己不厭其相左乎而士終不改此
也向賢王開之乃欣欣樂其有同志焉則其相左者之適以相成而
非是幾何不為賢王之所難哉夫然而王之好士踰甚而士愈以
高王之自視甚下而士愈以相觀不足若相反乎而士終不獎進

樂其道而忘人之勢（孟子）　吳　襄

也自賢王視之乃益皇然恐其有異志焉則其相反者之際以相
而非是又何以成賢王之大哉寸安得古之賢士復見于今以成其
之枉道徇人者耶
單講賢士便成鈍筆處：以賢王節說于上文何獨不總句結
有情　然許
淡折多姿不爲踞岸而條有情味　悠然
以賢王暗說上下文語脉俱靈又恰好剔題中其字挿入
清空淡折餘味曲包何處着一點餘荒面目

樂其道而　見之　吳端升

道足以紲勢、未可以非禮見也、夫所樂者道、勢於何有、則王公之[illegible]賢士、可以非禮亟見哉、且古賢王之忘己以下交也。所若弗堯見之[illegible]士耳。而士之迫於自進者。反多所不能忘。於是乎王之門有士。[illegible]門無王矣。不知士之挾持甚大。而其義甚高。在人者無不可忘[illegible]古之賢、士固賢王所中心好之者也。乃王也將之惆悵。士亦精[illegible]抱而隱與之撲。更賢王所相見悵悅者也。乃王之所已者有求士足已者無待而默與之遊。夫士有道也。誠樂之矣。人有勢也。亦[illegible]耳。仁義之名。世謂迂濶。其得之不知何榮。其失之不知何辱。而[illegible]獨

起点○字

起樂

斤斤焉貴之故有時韜光匿迹影響不聞於人非窮也落落穆穆之中自有行不加而居不損者充然其至足斯即勢之在士者也為爵貴亦為良而人境之聲華不足以擾田間之夢矣堯舜之傳同荒邈其稱之以為無稱其挾之所如不合而士偏津津焉道有時誦詩讀書浩歌常發乎古非抗也囂囂自得之餘真有心而心寫之者暢然其不盡斯亦永矢勿忘者也獨寐寤言獨寐寤宿而公侯之逸豫已久不入伊人之隱矣斯時也賢士豈有求于王公哉而王公且為道來也道之所在王可趨士苟其聞聲而動有不見顏色乎然富貴不足慕幣聘不足榮而車乘以招者且憑几枕

沉鬱蒼老　妙　妙

聘之將必有進心矣。初未嘗絕物以為高。亦願以恭敬為先容之
也。勢之所居。士且前。王一旦造廬而請。庶其無辱君命乎。然靦顏
不卒拜稽。有不終而朝夕在庭者。日攬音容而御之。安必無離志
縱不惜一見以適好。亦難以虛文為再三之瀆也。不致殷盡禮則（節次俱出）
得亟見之哉。嗚呼。古之賢士。帝者師。王者友。將就之而不召焉
門可闕。帝已甚而不汙。故有棲遲槃澗。隱約衡門。名得而聞人（古意淋漓）
而卻者此也。其真樂道而忘勢者乎。

循仲之間見伊呂。丁靜山

此際中梁父吟也。嘯臺響鳳。猶是晉人風習。儲六雅

樂其道而忘人之勢

江蘇張學院科
入長洲四名 周 瑎

樂己之道者自不知人之有勢也蓋道為賢士之道而勢則人
勢也其樂而忘也不識無異古賢王哉今夫外度之世而未盡
融 [illegible] 逆起便
者必內度之己而無可樂也蓋無所主于中常見在人之可羨
有所得于內自覺身外之為輕此古賢士之與賢王所以不[illegible]
不止君常脫鉚示
自合也同此彝秉之良賢王視之則為善而在賢士得之不
取何獨不然祈理
羨而為道矣蓋善則其散殊而道則其統聚也秖此性情之
王求之則為好而在賢士出之不僅云好而云樂矣蓋好則㤗
思慕而樂則自有泳陶也然則士特患不有其道耳內鮮所恃則

華膴之動不覺神明消沮而舉肅君之所震驚者皆得入而消
寧謐之天一士患不知樂其道耳心無所得則氣體之移不禁
閒會更堅
内怯而舉賢王之所濟忘者反得進而撓我聖賢之志而士
其道者也樂其道而忘人之勢者也未嘗矜己而傲物也性
寞從樂道逢出忘勢行成一片
有至理則帝布之躬悉徵沖參闓學可以達天則闇修之内
優游嘯歌自得又安知顯名厚寵之可懷一非必絕物以鳴高也
物偁于我身則人世之尊何如天爵三公不易其介則外至之
視若浮雲抱膝長吟又何有窮居太行之殊致蓋既高其見
華之上則勢之在人者已難奪其澹泊寧靜之素而况樂爭

又縈ゝ縮上

早與賢主有一德也道為重則在己為尤重舉凡賢王之所不以其意者試投之樂道之前而目中早已空之矣蓋其道固如是矣抑既尚其忘于德義之中則道之在己者久不紛于金玉錦繡懷而況忘其勢者是即賢主所深契也勢為輕則在人為尤輕凡賢王之所心乎愛者業問其在己之勢而終身不復自知人之勢更何有矣一要之道切乎己其樂固人所不知而勢屬

看得真忘融洽透微

不忘亦於己無與誠哉賢士之自待適如賢王之待士也

樂道自忘勢不作兩概題義既得際ゝ關會賢王領取何獨然神理題脉更不走也是煞有體認文字　管聿修

鏊板録

針對賢王。迴顧何獨不然語脉。乎中寓側。識解明通。管楙官

孟

樂其道　周璿

樂其道而忘人之勢

二名　劉詒光　榜姓趙

所樂者在己、而在人者非所屑矣、蓋道在己者也勢在人者也樂
在己而忘在人、於賢王又何讓焉且士之不隕穫于貧賤不充詘
（冒中二比）
於富貴者無他道而已矣非是而囂囂於大人前吾不知平日所
（○與○其○道○有○味○）
扶持者復有何物也惟脩其天爵不要人爵適符于虛己待士之
（○朗○然○）
君而士風於是足千古矣蓋好在賢王則見為善而善足乎己則
（○勢○字○是○通○篇○語○脈○緊○注○下○截○落○出○上○截○一○〻○合○節○）
彰為道道固不齊于人之勢者也亦安往而不自樂其樂也哉凡
樂之候乎後起者即非真樂道則裕乎生初者矣百感未形之候
早裕萬物皆備之天凡樂之待于外假者亦非至樂道則本乎內

含者矣淡泊寧靜之中自得伴奐優游之趣斯樂也休乎天鈞根

此處不急捲下截當而字

乎寧極此亦何嘗詡詡自矜謂今而後吾樂吾道即不難淩轢一

折踐淩厲發飛

切睥睨當世凡在人之勢俱不足當我一盼哉然而忘之矣貧賤

憂戚之途人世所共棄而士則以道安之尚志非賤飫德非貧我

是孟子氣象

自廓胸中有宇目中有富之神以考槃于在澗已大則物皆小非

語最有味　是妙是人之勢

己之大己之道原不小也設挾赫赫之聲靈或過其前以相耀士

直匪我思存爾富貴聲華之境人世所爭趨而士則以道淡之仁

才是淡用世

不必貴義不必富并無藉晚食當肉安步當車之見以滓穢夫太

說妙

清人屈則我獨伸非人之屈人之勢不獨伸也祇此悠悠遊意境

可素其位以終身士本不願乎外爾然則道為衆善之歸天下固

對上好善流出樂其道是何獨不然語脉

未有物焉旁觀不勝欣羨而滋味反薄於當躬者是樂已之道直

與好善者同出自然所為咸有一德也而交戰紛華何足入純修

對忘勢流出忘人之

之竊寐勢為道外之分天下亦未有物焉當局漠不關情而震虩

勢水清石見底

猶來自旁觀者是忘人之勢自與忘勢者若合符節所為師無以

面也則出聲金石可想見環堵之高風諒為賢士當如是耳輕

云乎哉

意理清真非詞條也骨法安和非筆材也此課終當第一

樂則韶舞

乙未　袁　默

韶取乎韶所以集治之成也夫韶韶樂之極盛者也功成作之樂邦者不已集治道之大成乎今夫新衰隆古而忽動人以舉慕□聖之想也亦惜之不能自禁者矣夫象功昭德厚有深可觀之積情而發借先朝制作之盛爲王者徵心之助則古今上下皆通而神遷之覺其善之統宗者大也時輅冕既各有取矣而樂則創造道侔與氣化同升集三朝之制度而總會於明堂其氣象廓閎□也則所以陶淑而啟之者原非督奏義禍浸卜皇子之金石二氣德與元音並壽歷萬古之聲容而品題於心目其精與自有真也

則所以映詔而從之者又不僅山鳴鳳應高發太音之建樂象之

制〇字〇中〇最〇壯

鍊〇法〇一〇變〇開〇後〇人〇實〇處〇虛〇處

感也其韶舞乎不可再者鷺景遵於舜天而不知氣數齊天建羣

本〇處〇文〇妙

心之事夫古亦時息今亦日月鳳凰百獸已具儀舞之機以待天

乎而其氣不應則其端不呈既使萬物歷々曠而慕焉耳識吹鄒

舞行之一絲竹而徵示以也乎一干羽而發兵刑之說合三才焉

象而德仰雍容相與正非偶然也象則聲飾進器而泰奏歌風雷

必有鄭重分明之意矣不敢必者廣遺逢於揖讓而不知選合亦

本〇論〇總〇盡

先〇置〇氣〇至〇ノ

聖人偶值之端夫山河豐秀天地再清鐘鼙並鑄本無庸奏之心

際自分今古而共律來調則其神不動總含世宙於七釁而相

飛颺以節舞為之十二州之風化揭於心亟于嚴之獨祈食□□

○真○驕○方○賢○

從聲希味淡而直接心源原非舞蹤及之所建生聲系無聲與感

雲欲飄夫豈非滿境歸藏之洞然其在鴻濛之世噫嘻鐵竹之先是

○大○史○亦○宜○云○

與默樂哉蒼茫而莫考而韶則本音來為也南面依然想像無窮為

○合○舊○盡○

帝德呈風如昨留一聞於人間論樂而無遺憾者夙昔久昕之論

眉意也而此日商定經綸更深哉以天動神移之感貫在官禮之

韶護羽分行皇族致辨舞亦微矣而准精而論則於亭可尋之臨

歲時而彰物采蔚善同歸調元氣以應黃鐘一變已見其舞兩露

○如○日本○影○據○

現在韶三王亦隱隱有同心焉而亡且者流觴管無發轉夫壽君

王畿之天樂則韶舞有飾繁著[illegible]雅樂之見參之夫豈爲[illegible]
之一金長誠
則字是決詞嘖想意在當界外令人動云者舜之謂合器舞可每
韶舞則反是緩詞矣且春秋不韓爲唐虞夫子豈有不知而考
祀萬〻不能之說乎文勢盡隱解一曰則字如日居中天而普照
鏘鏘亦若虞之帝所開鈞天廣奏也裳鍋中第一義也原本太
冗裔浙水文鈔中爲刪裁極是然有文勢促縮處吾丙因而豁
之一般會參

第三十四冊　卷一〇二

魯一變至於道

李杜詩

至道之易者聖人之與魯愈深矣甚矣魯道之衰也然一變而即至較之於齊尤易矣夫子能無深冀與昔我周大封同姓惟魯實為望

先為魯字提綱

國且丘所生長尤極不忘也或以為猶秉周禮或以為周公其衰二者固兼之使不及今振作而終以相忍為國恐未足以見周之德與

焦云使特魯作主即後入道字乎根獨出

周之所以王也有如今日之魯則齊一變而可幾矣夫齊之衰至于魯者以先王之道在魯也然而吾魯亦少替矣讒啟宰之初尊魯觀之

道

字根源

遺訓上既遵之為政而隱桓以下有漸即于淪亡者入故府而藏之

焦

于道榜

而其人久不作也迨庆泮而後信義之雅化下亦漸之為令而宣成

○以降有日趨于歌絕者臨洙泗而覘之而其風良可慨也然則道自

一○綫轉折

在魯而魯若未能至者以其未變焉耳國勢之弱者不奮則不能與

○焦○六○即○人○存○政○舉○之○意○

道以日用而不毀也故必使子孫之精神與祖宗相貫浹而後啓迪

○是○言○之○一○定○

不流于虛器得此意以維魯則尊親之政在所當因積弱之政在所

王○六○政○合○守○大○雅

當革也而王道燦然大備矣人心之所者不振則不能復道以時警

○提○起○道○字○

○下○緣○字○全○一○篇○都○到○不○分○為○處○妙○甚○

而不教也故必使若相之志氣與愚賤相陶冶而後色笑皆載其德

○久○比○攻○俗○

音本此意以治魯則信義之俗可以如故久弛之俗可以更新也而

○滿幅蕭之氣相求咏嘆○此比見宮札猶在是

周道儼然復興矣我思列服之易變者莫如魯其君子有易象春秋

欲○動之意對此言君相皆受○明慮然之意也○章法一綫○

之典其小人無盧令還好之歌並以韓宣來聘季札請觀猶想豐鎬

之道焉非必改絃而更張也不過修舉廢墜而姬姓之日衰者猶可
致盛治于東方然而我魯之難變也亦有故內紛于作軍舍軍之令
外習于叔出季處之常是以田賦可訪百牢可徵且懼日蹙之勢焉
安望決策而改圖也惟其苟安旦夕而周公之典在者反見畏于霸
對云頭
上亦細
國之餘叢夫先王之道固不變者也而魯之至道猶有待于一變焉
此大聖人頭力
使我魯復元公之舊以為齊之倡而世道亦于是乎轉移是則丘之
望也夫
氣度春容夫惟大雅卓爾不群　原評
泥定注中人亡意以改俗為端而歸本于君相能領袖要人殊舉

本朝考卷含真集　論語　[illegible]

一也。蓋使事不可有意。有意則事反為之束。而題之才義[illegible]讓之

真識。必不可從容以盡其致。若此寬和簡栗。不蔓不支。安〻以

大雅歸之。　灃川

魯一變至於道

夏長泰

聖人深崇國之思、而以至道望魯焉、夫魯誠至道、而周公可復見矣、獨惜其未能一變耳。且魯為齊弱久矣。樂因循者苟幸旦夕之安。撥改革者勉圖强大之效。均未見其有當也。夫立國豈廢政刑。上下寧無法守而立其隆者。總歸於道。然則當制治之原。而起衰扶敝。有其方。[illegible]之不振。夫非以其未至於道乎。綱紀之粗備。謂有國之故事可。而不講之道。遡當年經久之模。而考此日積輕之[illegible]。則寡覯未改。可備孫子之守成。稟襲之著稱。謂先王之[illegible]也。而不謂之道。舉此日君相之所循。而觀當時經權之盛。脩則方與。雖具未若陸

此意更妙

存紛庭諍紛至道也、非一變不可、志期速得則以明睞為不可致毋

知道之能為弱不知道之能為強也大國之於、常豈無招携以

息則之更張已其得無舍民數世之憂誠審於此而以

培巳之基外以張國之勢而乃今知權變之未足並也心感積衰則

以忠厚為不可恃此知道之能為靜不知道之能為動也家國之均

安難保豈無貧寡無患之謀朝廷之政令未施或乘舉措服民之法

誠審乎此也而成憲禀於先王變通宜於嗣服而乃今知東周之可

為也弘朕恭於後予道在分陝之先今日而法齊晉之尊王何如會

維都之風雨建叔父于東藩道在俾侯之始今日而觀晉鄭之焉依

○至○道○意○

何如遲三年之報政東郊不啟而淮徐是征則有方伯專征之事讀費誓而其道著於書何遂不可總戢甲敵干之盛包茅是征而南風

○列○于○詩○書○未○是○可○抹○推○波○更○妙○

不競則在僖公總起之年讀魯頌而其道著于詩何遂不可復居常與許之勲此以知國家之勢可衰亦可盛而莫患于神氣之不振文武之政可廢亦可興而要視其大力之所轉吾不能不為曾望矣

止襟危坐而言之是賈董匡劉策畫居嘗謂文必有儒者氣象名乃可代聖賢傳神讀此猶信

魯一變至　二句

俞顯祖

觀至道之易而魯猶可為矣蓋魯勢雖非齊比然其于道則未盡泯也其如不知所變何且先王以道治天下俾世〻子孫長守勿替也自齊承周之敝而以霸業興前人之遺教猶有存焉者乎蓋至念京師者寄下泉于郇伯傷周道者懷西歸之好音人之望道如望歲然而吾乃亟不忘我魯矣說者曰魯之不如齊也實甚齊自主盟以來拓地千里而我魯僅守侯封儼乃見繹龜蒙之舊強弱〻相如濟也泱〻大風素稱雄長而我魯恪凜侯度犄豢之間則大小不相敵魯其齊比也乎與

落句神來

明朝典題所見集

滕之於齊也蓋國小則人思懼故其下雖不必[illegible]而[illegible]（緊接弱小接[illegible]事）
然以決大闕其臣雖不必靖共而尚不至習詐虞以搖國
則俗不淫故民猶安耕鑿之常而不聞有兩牡重錘之習士猶[illegible]（肆乃皆對齊）
絃誦之素而不見有子衿佻達之風是故今日之魯為易變也國
之統緒傳于祖宗為人孫子而有不忍菲薄其祖宗之思即可以（二比能見其大）
見典刑之未謝試思齊風十一篇蕩然無復太師之舊而魯也樂
泮水而展孝心不忘昭假烈祖作閟宮而追先德猶曰乃命魯公（眼自然是大皆達）
我元公尊親忠厚之遺豈遂墜于地乎誠即其未墜者而一修舉
焉寧第曰居常許而復周宇也國之疆索受于天子君國子民而（掉至道輕敏）

有不敢蔑棄其天子之意即可以見武序之不違試觀齊伯二十載不過陽奉守府之名而魯之叔孫不聘不拜鹿鳴之三展喜犒師猶恃先王之命我寧考震疊明昭之本不且儼然在乎誠即其猶在者而一振興之安在不輔王室而復西京也蓋魯所當因者禮教之大而所當革者弛玩之風革者在圖新而因者尚繼舊也為齊也變者道利用損為魯也變者道止用益損者難為力而益者易為功也二一變至道豈虛語哉齊仲孫之來也曰猶秉周禮知魯之未可取也晉韓起之聘也曰周禮在魯知周之所以之為盛其可量乎嗚呼此吾所以有東周可[illegible]之志也

斷得倒

呼應原起邈然意遠

禮設信義已成陳宿穿穴詩書忽自啟才人之心

于凡猶也越絲神來氣來周旭之

根柢槃深枝葉蒼秀不同人間機杼故非浮艷俗妍王已山

魯一夔

雍

魯一變至於道　俞顯祖

觀至道之易而魯猶可為矣蓋魯勢雖非齊比然其于道則未甚氓也其如不知所變何且先王以道治天下俾世〻子孫長守勿替也自齊承周之敝而以霸業與前人之遺教猶有存焉者乎蓋至念京師者寄下泉于郇伯傷周道者懷西歸之好音人之望道如望歲然而吾乃極不忘我魯矣落句神來說者曰魯之不如齊也實甚齊自主盟以來拓地千里而我魯僅守侯封猶仍鳧繹龜蒙之舊然弱不相如齊也泱〻大風素稱雄長而我魯恪稟侯度自儕宋陳蔡之間則大小不相敵魯其非齊比乃

國朝典題所見集

國朝典題所見集

勝于齊也蓋國小則人思懼故其君雖不必其作而尚不至（緊接弱小警切魯事）
伏以決大閑其臣雖不必靖共而尚不至習詐虞以摇國勢積
則俗不淫故民猶安耕鑿之常而不聞有兩牡重鋂之習士猶（筆筆暗叶齊）
絃誦之素而不見有子衿佻達之風是故今日之魯為易變也國
之統緒傳于祖宗為人孫子而有不忍菲薄其祖宗之思即可以（言比能見其大）
見典型之未謝試思齊風十一篇蕩然無復大師之舊而魯也樂（讀書貴是）
泮水而展孝思不忘昭假烈祖作閟宮而追先德猶曰乃命魯公（眼目然左右皆透）
我元公尊親忠厚之遺豈遂墜于地乎誠即其未墜者而一修舉
焉寧弟曰居常許而復周宇也國之疆索受于天子君國子民而（掉互善遺轉緻）

有不敢蔑棄其天子之意即可以見式序之不違試觀齊伯二十載不過陽奉守府之名而魯也叔孫答聘不拜鹿鳴之三展喜犒師猶誇先王之命我寧考震疊明昭之本不且儼然在乎誠即其猶在有而一振興之安在不轄王室而復西京也蓋魯所當因者禮教之大而所當革者弛玩之風革者在綱新而因者尚猶舊也為齊也變者道利用損為魯也變者道止用益（將得例）損者難為力而益者易為功也一變至道豈虛語哉齊仲孫之來也曰猶秉周禮魯之未可取也晉韓起之聘也曰周禮在魯知周之所以王也魯之為魯其可量乎嗚呼此吾所以有東周志也

（叶應原起總結意透）

禮教信義、巳戈陳、皆穿穴詩書。忽自然夕夕、方人之文所于凡猥也。起結神來氣來。周旭之

根柢盤深。枝葉蒼秀。不同人間機杼。故非淺艷俗妍。王巳山

曾一夔

附釋

念京師者二句（詩曹風）冽彼下泉。浸彼苞蓍。愾我寤嘆。念彼京師。來章芃芃黍苗。陰雨膏之。四國有王。郇伯勞之。○王室凌夷。而小國困敝。故以寒泉下流而苞稂見傷為比。遂興其愾然以念周京也。

傷周道者二句（檜風）匪風發兮。匪車偈兮。顧瞻周道。中心怛兮。誰能亨魚。溉之釜鬵。誰將西歸。懷之好音。○周室衰微。賢人憂歎而作此詩。

望道如望歲（左昭二十三年）閔閔焉如農夫之望歲。左哀十六楚人謂葉公曰。君胡不冑。國人望君如望歲。

鳧繹龜蒙（魯頌）保有鳧繹。遂荒徐宅。至于海邦。淮夷蠻貊。及彼南夷。莫不率從。莫敢不諾。魯侯是若。又泰山巖巖[illegible]

魯一變至於道　俞顯祖

國朝典題訂詳

邦所贍奄有龜蒙遂荒大東至于海邦淮夷來同泱泱大風詳
莫不率從魯侯之功○詳龜蒙二山名俱屬魯国遒
千乘之国決安愊淫詳前周因于殷耕鑿之常詳後畢宮宗相
泱大風注礼愊淫之族注窔于耕鑿注
兩壯重鍤齊風子之茂兮遭我乎猛之道兮竝驅從兩壯兮揖
我謂我好兮○獵者交錯于道路以便捷徑刋相
漆沮於北〔又齊風盧重鋪其子衿佻達鄭風青々子衿悠々我
人美且偲○此亦獵者之詞心縱我不往子寧不嗣音
音寀章遝佩兮達兮在城闕兮一日齊風十一篇鷄鳴還著
不見加三月兮○此淫奔之詩東方之日東
方未明　南山　甫田　盧泮水二句魯頌思樂泮水言采其
令　敝笱　載驅　猗嗟芹魯侯戾止言觀其旂
其旂茷々鸞声噦々無小無大從公于邁〔二〕穆々魯侯敬明
其德敬慎威儀維民之則允文允武昭假烈祖靡有不孝自求
伊閟宮二句〔魯頌閟宮有侐寔々枚々赫々姜嫄其德不回上
祜帝是依無災無害彌月不遲是生后稷降之百福
黍稷重穋稙稺菽麥奄有下国俾民稼穡有稷有黍有稻秬
奄有下土纘禹之緒〔三〕意乃命魯公遂之用

國朝典題訂詁

之注尊親忠厚綱鑑周公問太公何以□□□曰尊賢而丨後世必有篡弑之臣太公問周公何

魯曰尊賢而親ゝ太公曰後寖弱矣居所許復周宇魯頌閟宮之公天錫純閟詩保魯居常與許復周公

之字魯侯燕喜令妻壽母宜大夫庶土邦國是有既多受祉黃髮兒齒式序□□注詳前三家者以雍徹金奏肆夏

注守府周語襄王曰今天降禍災于周室予一人僅亦守府叔孫答聘二句詳三家者以雍徹鹿鳴之

叔孫展喜犒師二句詳遊千乘之國如懸磬注震疊明昭周頌時邁其邦昊天其子之寔右序有周

薄言震之莫不震疊懷柔百神及河喬嶽允王維□□明昭詳三家者以雍徹金奏肆夏注齊仲孫之來二

句也省難來盟注詳可使與賓客言韓起之聘二句也韓起以後注詳可使與賓客言

魯一夔

魯一變至於道

超等一名　郭韜維仲

變以至道爲歸而魯較易於齊矣夫魯誠至道則今之魯即爲昔之魯矣惜乎其未能一變乎能無深有望於意謂立國以規于正大善俗唯視乎轉移居今日而商魯治寧獨無異於齊也哉

（贊訓典朗）

室日卑懷其先者徒傷心于河山之古周禮猶秉歆其後者尚冀幸于法物之貽使不及今振作爲起衰扶弊將待何時乎

（設道字分明）（奏分斂有）

而僅至魯非以先王之道在魯乎然而魯至今日亦猶陵夷之漸矣尊親之懿訓未艾也而隱桓以降有名存而實亡者由[illegible]良規竟靡壞于積習之微而法度不式于雎麟信義亦尤未漂也不

宣成以後有事是而意濁宵半宮盛典竟因循于夕之安而然矣
旂莫振夫鐘鼓其於道也幾何乎哉而謨烈未泯方策任乎之
超遠卓越
亦易〻耳曷弗思一變乎道惟依古為楷模而國勢之强弱亦所
論也思變爾于今日豈以貧寡足患必盡易乎當年之所為
針對上句發論
國强大之所為耶但使鑒成憲於自昔精神意念息息與先王在
天之靈相為酬對而玩以振怠以興俾宮禮不懸為空器政祿紛
恰合神吻
患其下移此其道以不變者為變者也一切率由焉而〻難耶道
惟法祖而變通而人心之振奮在所亟也處今日而籌變嘗豈以
徵會無常必競效乎風氣之所趨而自傷忠厚為難恃乎但使推

時勢于在我措施張弛事事與先公啟宇之初相為胎合而癈者寔際實工力悉敵修墜者舉俾均安各循于上下舉錯悉服于民人此其道又以善變者為變者也苟能明作焉又奚求耶且夫我魯之難變也原自有故政出私門時作軍而舍軍君僅守府或叔出而季處傷積弱之已久惟是苟安乘便一若動有所制而不敢決策而振興然而開闔氣勢并易我魯之易變也亦自有說易象有遺書而君子無急功近弦歌聞下邑而小人無並驅而壯之風幸善政之猶存無須改塗應起易轍惟為警厥情志而自可相期於明盛一本舊封力勵猷專之比收結親親其道無異於開國何必懷彼美於西周而出繇今懷永圖

以率初服敦信崇義其道可恃以保邦何難覩哉　於東方而泰

然桑梓一變而至於道焉即可以魯為齊之倡而世道[illegible]是乎轉

懋矣是則予之所望也夫

焰註詮發不求高奇而議論自有精彩兩評

認題分寸一變是魯之一變至道是一變之至道而氣象恢宏

規模軒廠尤非詹詹小言可比[illegible][illegible][illegible]

歲入南安張輔世
鄉舉四名

魯一變至於道

魯之至道甚易聖人深望其一變焉夫魯已衰矣乃一變則至于
道固易也誰專魯者可無此一變乎若謂子嘗捲歎宗國而慨
然矣狃因循者習爲固然之事救衰敝者視爲難必之功豈知奮
焉整頓而先王先公之風烈固依可接乎如齊一變僅至于魯
要之魯非可不變也魯亦非難于變也思昔元公佐[illegible]禽父侯東
機〇得〇營〇老〇
固以道治魯者也政報三年而尊親之休堪留遺我千[illegible]
厚而禮樂之澤尚漸漬于人民魯雖已非也道猶未改也
宿
者季孫無存奚斯不作於成凋謝覘國皆[illegible]社稷之無

福建試牘惟是錄　論

于前丘甲作于後制作紛更考斯者觕紕紛之解紐是以一家不
一變之變非必盡革其故也素無功利之習以漸染其耳目
必易波而理惟是廢者舉之墜者脩之而魯之氣安以已煥然
矣一變非必悉易其轍也舊無夸詐之風以敗壞其心術則下不必
易俗而治惟是弛者張之壞者飭之而魯之精神回會然一振矣
明君察相變之人也雖上替下僭已非一而一旦明大義昭
大分尊親不猶然為父之遺乎振俗維風變之事也雖祿
去政遠亦已有年而一旦攬弘綱舉細目明禮定樂不猶然元公
之舊乎其變也視齊而較易也其至道也視齊而較近也無去魯

閩海偉觀

魯一變至於道

張輔世

魯之至道甚易、聖人深望其一變焉、夫魯已衰矣、乃一變則至于道固易易也、誰專魯者、可無此一變乎、若謂予嘗勝領宗國而慨然矣。狃因循者習為固然之事。救衰敝者視為難必之功。豈知奮焉整頓而先王先公之風烈。固依依可接乎。如齊一變僅至于魯、要之魯非可不變也。魯亦非難于變也。思昔元公位周宰。伯禽東封、固以道治魯者也。政報三年。而尊親之休。堪留遺於孫。俗傳忠厚。而禮樂之澤。尚漸漬于人民。魯雖已非也。道猶未改也。所可[illegible]花季友無存矣。斯不作。老成凋謝。覘國者謂社稷之無臣。說[illegible]用

設得耆老

曾其次第

于前丘甲作于後制作紛更考政者謂紀綱之解紐（政息）是宜變（此皆蒼…）學冠
一變〻非必盡革其故也素無功利之習以漸染其耳目則上
必（語有節節）易政而理惟是廢者舉之墜者修之而魯之氣象已焕然一新
矣變非必悉易其轍也舊無夸詐之風以敗壞其心術則下不必
（與变齊自别）易俗而治惟是弛者張之壞者飭之而魯之精神已奮然一振矣
明君察相變之以人也雖上替下僭已非一日而一旦明大義昭
大分尊〻親〻不猶然禽父（是道語雅當）之遺乎一振俗維風變之〻事也雖祿
去政遠亦已有年而一旦攬弘綱舉細目明禮定樂不猶然周公
之舊乎其變也視齊而較易也其至道也視齊（照應一字）而較近也無如魯

有易變之勢而委政無權變之者將屬何人魯有至道之機而觀望既久變之者竟于何日吾深望魯之一變也吾甚惜魯之不一變也

步伐森嚴骨力遒勁不受前人名作牢籠　原評

薛方山先生作法脉細矣其實諦變處靡註發明確有本末不似後人浪談不根也是作着實典切幾欲與之抗衡師其法脉而變其面貌如此真可追步先民庭闈

魯一變至於道　薛應旂

聖人言魯至道之易，欲其知所變也。夫道，先王之所以治國者也。魯如一變，斯至之矣，而可以不變乎哉？夫子意曰：齊魯之在國也，其位不同，而其變而之道也，其勢亦異。齊一變僅可至於魯矣，以魯言之，其又何如哉？粵自我魯開國之初，當伯禽受封之日，文武之勳烈尚在，周公之訓誥方新，惟時秉禮立教，而凡所以行之於上者，莫非道也；迨隱桓以來，漸以替矣，然於禮教則猶知所重也，傳所明……而尾……之於下者，莫非道也；迨成襄以降，幾以微矣，然於信義則……所崇也。苟為之魯者，聞先王之所遺，而思其所以創之之心，將可……

更之擾也衛者補之數者救之而一振於之百度愆之
所棄而興其總述之念時見不候改革之[illegible]廢者修之[illegible]者
彝之一而一轉移之間衆正爲之羣舉一言乎禮教不特[illegible]衆[illegible]
立之而昭布于上下者洋洋乎一如其舊言乎信義不特崇之而已
惇之明之而顯揚於民物者驟驟乎盡復其初緣之去公室者自是
可復而爵賞一出于上今日之魯殆周公之魯而非隱桓以來之魯
矣政之逮大夫者自是可還而威柄不移於下今日之魯殆伯禽之
魯而非成襄以降之魯矣謂之同至道信乎其爲有道之所而望乎
天下也不綫然矣柔之何其不變也哉

評

提從文武周公說立國大意。領起通篇局勢。就一變處。具見定條前後次第呼應之法。陸稼書先生評之甚詳。旁批摘采之

魯一變

薛

魯一變 二句

薛應旂

聖人言魯至道之易歎其知所變也夫道先王之所以為國者也魯如一變斯至之矣而可以不變乎哉夫子之意曰齊魯之為國也其俗不同而其變而之道也其勢亦異齊一變固僅至於魯矣

魯字發端即是道字遡源

以魯言之其又何如哉粤自我魯開國之初當伯禽受封之日文武之謨烈尚在周公之訓誥方新惟時秉禮立教而凡所以行之

醒眼

於上者莫非道也迨隱桓以來漸以替矣然於禮教則猶知所重也惇信明義而凡所以達之於下者莫非道也迨成襄以降浸以微矣然於信義則猶知所崇也苟為之魯者[illegible]示之所遺而由

其垂創之心將見不必紛更之撥也偏者補之（與字實）弊者救之而一振舉之下百度為之自貞因今日之所秉而興其紹述之念將見不俟改革之繁也廢者修之墜者舉之而一轉移之間衆正為之畢舉言乎禮教不特重之而已秉之立之（丞字寔聯）而昭布於上下者洋洋乎一如其舊言乎信義不特崇之而已惇之明之而顯設於民物者駸駸乎盡復其初祿之去公室者自是可復（切指近事）而爵賞一出於上今日之魯殆周公之魯而非隱桓以來之魯矣政之逮大夫者自是可還而政柄不移於下今日之魯殆百禽之魯而非成襄以降之魯矣謂之曰至道信乎其為有道之國而望於天下也不徒然矣

奈之何其不變也哉。

迵其肇端及其流弊舉變之作用指至之條理兼酌時勢[illegible]

措注可謂約而能該矣

魯之春秋　之矣　朱　林

魯史不異于晉楚、得聖人取義之説焉、夫使魯之春秋、本有以勝晉楚、則必其義先寓于事與文之中而後可、而今孔子之取之者、既如是矣、吾言詩亡而後春秋作、夫孔子因魯史之舊文而筆削之述也非作也而予斷然以作歸之者跡雖本于前文意實衷乎獨創也春秋孔氏之春秋非魯之春秋也若夫魯之春秋則何王迹之與有蓋嘗例之晉乘楚檮杌以知之矣夫魯處號秉禮親尊賢之遺猶有存者宜其是非臧否不謬于先王而晉楚所記載不得與之較短長矣然昔者良史若董狐倚相輩皆在晉楚豈魯固無其人耶抑天之將留是史以有待耶吾得斷之曰一而已矣夫所謂一者何也自古扶王迹之功莫高于桓文敗王迹之罪亦莫甚于桓文孔子刪詩存冽泉思伯也竊怪詩有齊風有唐風獨無桓文之詩非無詩也非有詩而散佚也孔子斥之使不得厠其列也孔子以為桓文之心不可有桓文之事不可無當黍離楊水之時忽有桓文之詩出焉是以桓文繼王迹也以桓文繼王迹而使人學桓文之事兼學桓文之心不知兩存而岐出之使心與事不相掩惜乎始為是書者未知有斯義也其文則史也今試觀春秋之義有與詩相發明者讀角弓知首止之所以獎讀菀柳知河

陽之所以諱讀江漢六月與漸石草黄知伐楚侵魯之所以褒貶五用而不一其辭孔子曰其義則丘竊取之矣孔子其有憂患乎且孔子之望魯以維王迹非一日矣序費誓于文侯之後若曰魯固望國固嘗以方伯專征矣若之何以忠孝讓人也木瓜不係于齊而卒緩得登于頌若曰魯猶庶幾焉尔吾安得不大其績而深沒其凶人成事之恥至于闞止之釁作晉陽之甲興而魯之祿去政逮亦已甚矣魯且不能自存何有于齊晉魯且不能扶齊晉之替何有于王迹孔子誠不得已而為之然而魯之春秋卒以是使人嘆王迹于不熄而是書亦不復與晉楚伍而巍然尊于乘與檮

杌之上。嗚呼舜禹以來。統凡數更。孔子雖不得位。託之空言。而其功視三王尤偉蓋春秋存而萬世幾希之心皆存然則春秋非魯之春秋也而亦豈孔氏之春秋也哉

議論都從讀書得間來中幅從桓文跌起其義折落其文則史將全題打成一片尤為巧奪天工其借詩作波乃其不忍割愛處　郭良士

別出一奇卻又成不易之論此固天事勝人　楊大椿

魯之

魯無君子者　尹明廷

原德所由成，聖人若為意外之慮焉。夫魯多君子，而欲爲子賤著成德之功，則言其無而益見焉耳。且吾人生而志古，不能介然獨出，而徒祿祿因人，是豈所以自命哉。（反正開縱看題醒）雖然，士苟能樹立，固足賢矣。而使居無同志，出鮮良朋，又寧得為學者之幸乎。如吾所謂不齊，誠為君子人矣。一顧稱人之美者，不當忘其所由來，（正呈題美入）則同心之助難沒也。然不爲寥落之觀以危之，而其人之本末何以見。抑嘉人之善者，必當原其所得力，則始進之功是念也。然不設孤立之勢以形之，（不即點盡，以蓄勢。）而其人之生已矣。以出，則吾因不齊之得爲君子，而轉爲魯計也。魯自元公立調

真賢鐘鼓管絃之聲未衰也即今子衿佻達傷心城闕之篇而急擇之間尚秉周禮則若人亦何幸而得生長于此也誤也東山泗水區地猶存而棫樸菁莪風流歇絕所傷者豈獨邦國之瘁乎魯自僖公戾止泮宮鸞旂芹藻之風未泯也即今之子無度感懷采莫之誦而海邦之內尚有典型則若人亦何樂而得沐浴于此也誤也甫掬[illegible]松廟貌如故而無小無大多士云亡所歎者豈獨先澤之斬乎雖士不產于魯而可友者多何必生同方而仕同國然而千里尋師終不若一方聚處者無山川之間而有風雨之思也使桑梓無可法而欲求助于他邦竊子雖賢吾猶慮之矣即人不生于今而可學者衆何

用正意開

轉合語氣

華宗不似近日鄉里

一義精闢便下斷

更醒

虛實語氣

於事同主而出同時然而尚論詩之終不若親承音旨者無儕聞之感而有相觀之善也使當世無可資而欲借鏡于往昔雖善教循或傷之矣是故不觀寡黨不知助予之樂也不念獨行不知得朋之慶也（又用反語妝正意妙）亦幸而魯多君子耳奈何忘所取之自哉

幸其有是正意危其無是反言每從正意說透轉落反言竟然有餘步矣着字下著語最難近來尤多俗調看此何其風流醞藉點染襯貼處皆出入風雅滿幅經籍之氣此為雅音也今日除講章俗文外不知宇宙尚有何書而欲求大雅之復作也難矣

魯頌曰

科試一等一名　張肇文

頌以象功而昭德其致詞可進述也夫魯冠列國而稱頌而偕公尤功德兼隆者也閟有詞不可為陳相進述哉且春秋召陵一役魯侯實佐威公作者爰書魯於列侯之上不誠義正詞嚴哉顧美舉從於宗國二年之麟史已著褒辭而溯謳詠於閟宮十二公之燕謀傳諸樂宮懸猶在伶業遥傳迄今肆習之餘尚得訂其音而釋其詞也喬木而入幽谷子不幾學變夷之鴃舌而昧華夏之正聲哉豈諸姬之長以魯為宗而我魯之休於頌為烈禘法興而干王日八議升歌無乃懷慚顧成王賜樂以還鳧繹之聲靈未墜也所以丁五國之歌謠僅與王風同列而泮林鐘鼓特

次諸周頌之篇亦伯蹟而非禮貽羞告廟應蒙口舌顧傳公獻馘而後龜蒙之赫濯如新也所以十二旒之樂舞別偕世室同歌而新廟篇章尊燕諸魯侯之喜此魯僖之頌所由作歟且夫頌與雅異又與歌異雅之什多作於燕饗故鹿鳴可以勞行人行葦可以宴兄弟其間酬答應對不無粉飾之詞若頌之義取乎容必其人生平功業不愧當時而後奏清廟而祝工巫辭翰克垂諸金石歌之業僅習於伶官故典紀太師能歌肆夏職司瞽奏僅詠臺萊一時揚厲鋪張類皆通用之樂若頌之義取乎誦必其人戡定餘威震驚當代而後播管絃而垂篇什名言可告於後人吾思魯頌吾咏其言矣頌則頌其能法祖也讀費誓一書爲父猶勤撻伐我觀徐方興而必整戈矛淮夷侮而更勞甲冑訓言如在當亦後人所

宜佩服者也有僖公以繼之鴟之集用懷好音燕之喜丕揚先烈歌二矛而賦重弓其書不於今而烈乎雖今者士競執冰長鈹啟鬱君無公乘封豕為災而當世史克之謳思夫固克壬家法也而能無引證其言也哉頌則頌其能尊王也考明堂一冊元公尚紀大勳我觀任昧歌於太廟纘賽僅列大門王言孔彰當又羣侯所宜蹈厲若也得僖公以維之龍之旂用光西鎬象之齒載貝東都詠萬舞而祝九如其詩不振古如茲乎雖今者權臣舞佾職解佾工私室歌雍樂僭天子而當年奚斯之靖獻夫固休明昭代也而得不尋繹其緒也哉試進述其言

請益曰無倦

成均同人會課　方樹謨

問政〻〻一〻心聖人以不益〻〻之為蓋求益於先勞之外則必不益於先勞之中夫子進以無倦而益不已在是乎且為治者不（精〻思〻）恃乎法之多端而恃乎心之不變蓋紛心於法心浮而法與俱浮行法以心〻立而法亦俱立古今來可大之業每成於可以操功（落〻〻〻有大家風味）伊始銳然遠志無為也有如子路問政而子詔以先之勞之此固儒者經國之宏謨而即帝王畢世之遠畧也（已伏下截）化理以中天為盛然（按〻下處極大方）平成以奏績不過以厚生正德勤歌敘於耄期治功至貽代而隆然（古雅絕倫）謨烈長垂亦惟以學校農桑壽神明〻〻世蓋一言先勞而政固

已無餘蘊矣奈何子路尚請益哉太約則術將去簡焉
心理以數語了之老妙在句中並有關照
就繁是無論庶務難周而局内之全神已弛以常制為無奇則志
且貪近而圖遠是無論後功莫繼而當前之實業已荒矣子曰由
毋乃有倦心乎居恒矢慷慨之思開言而未能滿志人謂其氣
精金百鍊剛徤含婀娜
之壯吾覈其意之衰也夫郡詩書淺之為百姓之與能深之即聖
神而猶病侈爾念也何如求爾神乎惟在先即見其為先在勞即
心其為勞而皇自敬德屋漏發蔡火之光所其無逸勸課匪時延
之迹已至而先勞之外初無別圖平昔負兼人之量遇事
而並無畏難人謂其進之銳吾患其退之速也井里膠庠其制第

數語而可詳其功實百年而難盡奢厥望也何如綿厥思乎惟有
而不已先有勞而不已於勞而深宮讓道之初心歷乘暮之年
猶獻躬推黃意作子孫之則斯治理無餘而先勞之中惟期自盡
無倦而已復何益哉蓋為一事而必要其成則精神不違於勞鶩
閒嘗見好大喜功之主法令屢更民不受一法之利而先受變法
之害也夫耕鑿為日用之經孝友本家庭之事政有其至切者之
可循亦無事易術以相擾耳先勞者良法所存具有不息之神以
運之而遒人在路難貸恭己之宸修田畯在郊不懈青紘之率作
而養備熟立宎見西京之盛不可以再興且創一業而必求其至

則意量不敢以自域又嘗觀見小欲速之才鋪張自喜是雖有用法之才而終不能盡法之用也夫衣食寓廉恥之原物則通維之至之奧次有其至清者以相責亦未可僅事於淺嘗耳先勞者成規攉獨有勿斁之念以深之而里有淳風詎弛殫心於夙夜菑沐膏雨不忘夙駕於明星而物阜民仁安見東周之治不可與復古是知閭里有譽髦惟無倦而化導之休遂勃鐘簴而並來桑麻皆樂利惟無倦而鼓舞之深若偕井里以俱長由亦惟率此先之勞而益一夫奚以請為

評無倦緊頂先勞方與居之無倦

有別

𣫍氣孔金石高辭薄雲天極似前人黄陶菴王柳潭手筆而其上下關照精神團結真無片句隻字虛衍必傳何疑　葉毅菴

請益曰無倦　何玉蟾

治猶可以漸臻之而益無窮焉夫先勞之外有可益將先勞之

止乎其倦而餘益矣且論政無他道勵精與圖效二者而已矣致治

其外偏滑不可以自止則求其日增精治其內過謫必至於中衰則惧

其日積知此而過求詳於政者無有也夫子以先勞與之論政此豈易

竟之業哉昔古帝命官分治明倫教稽之功逃方殫被矣而猶病尚屢

其裹後王激興人民孝弟農桑之務海宇粵休矣而予皋猶云莫釋

仲孫氏之請益將何說以處此豈其質多英往視教券而恒[illegible]

宏毅之興抑或才足兼人視若師而大概不止渠嘗絕之世也乎

不降心而實體之苟降心而實體之即先王[illegible]之陳跡

略其間尚覺精義居窮。習一六，畢遷之心，倘我以身寔踐其
之
一云化日易竟由尚請益吾惧其倦心生矣，誠理前說而再思之亦
具在主極不尊則風聲不樹，固已何以我不先而四海之人也
莫樹之則先而四海之風聲仍莫悉樹，即四海之風聲樹矣，將一人之
斧藻可遂，托而居於后乎甚矣，以一先而畢引衆先，其量未易究也。勞
之說具在也，立流於惰則勤勉固宣，固之翊以我不勞而萬方之勤勉
未宣我即勞而萬方之勤勉仍未盡宣，即萬方之勤勉宣矣，將一人之
經營遠遠而藏於逸乎甚矣，以一勞而羅致衆勞，其量未易窮也。吾
領由疑以惰心與之也，取凋廣之圖而悠忽視之，施之提躬則斯世之
之幹理則害政無一可也，急切之主氣志在欲篤，古人瘝悼尚未半令

人不俟識者而知其固保成已吾願由無以矜心繼之也棄切寔之務而越悩求之爲學則病于迂寔遠爲政則病於迂名高將冀宜也好大之喜始發奮而不及持後靡廢而不竟幾寧待智者而知難免滅與夫矯者倦之根矜者倦之伏內亦徐利有此哉終身於先勞益矣理倫於心勇發於神矣蓄其取之內者至是也時人之囁嚅古人之數餘矣一毫之足動其志辛而或以其經營顯湊曰克柔安有則幾內蘊也曰理義安託則我取其含弘也夫厚於神者氣之薄積虛者理亦粗也顧以此式楚才而使知所迴避一而自儆夫

房師

靜亦所不動無所不入無所不自今天下無學一士甲者爭

爭名之高者辨理主於歛理與氣而歸於非

門之學胥究闡斯語乎讀易一濂溪及諸儒論述賢之精

之根大全於此矣孫希士

莆田 何玉鏞

請益曰無倦

壬午湖廣沈會霖解元

進王心而一之、相與觀可久之業也、甚矣先勞何可益、無倦云者、仍〻益
以始政之心而已、聖賢其有以道之思乎、昔之天下嘗茂矣、人莫見其
保安滋大厥有流數、而不知當日之慎、乃亂固者、即古帝王亦未嘗或
以之自怨也、千百年未彌之心、仍亙以一二日不敷衆之意、倦有作者
〻何詩不進其繇而加勵乎、多、矣、之論、亦、政、之、無、可、湛、益、者、矣、式懷兩
作〻〻而有功一哉、王心業屢變而增上、豈曰姑如從焉、尚論一示
〻步為加美之地乎、雖然久道化成有其訓矣、可貞志章敎、未登謠俗
之〻而波臣既志其和、從中書適慶於王會、侈厥風〻志盈小喜此亦
堪念〻自也、自昔協氣騶疏而嵇合悋〻〻〻此天子萬年慎終

如遇〻多叢戟誠不然〻是而遂已耳矣徵協應有其事矣乃滅
何撫懸日凜于我之動而我事未解於部原訟言紛於於天聞有奪職
下當乘及以亦庸憲之偶聽者也自昔將蜂起戀而元者進無急亡
成〻子〻德不致告勞何動〻固衛哉誠亦不然如是而遂已耳欲如
〻而已者偉器半傷於辭步英亮為乘嘉歡共始即欲不如異而已者
成斷不奪於索朝雖免於英夫受其終于路同此其事誠不如是已也
以其心試不如是已也宿百〻者解遐綜娛甚〻者然繇執常王有作
其懸我夫于曰此其事亦但如是已也此其心亦但如是已也發作
所皆其初於〻閑集乃精者無辭於初賦龜〻我〻實其然矣如有之
神而問之其為無分請為云者加累之詞也語有之凡事不強則枉所

請益曰無倦

邱振芳

求益於無可益者、人為折其倦心焉、夫求益於先勞之外則必反歎於先勞之中也無倦而益已至矣庸待請乎且政體有何蹙縮視（漫衍當位一絲）精神之聚與不聚而已矣（不已之）奢為取而氣從中分則內力反涑約為捲而神惟永圖斯大業可久事不越一二端而可垂數百世彼騖博者何也先之勞之由誠始　此言而政豈復有遺量哉元會運世傑（新闢英侍）士居以震而明聖居以乾動而弗健則蔽座日煩容做之報而朝野益蕩紛紜之象喜奇獸故即無以靜養其和平勳業風猷秉時取諸紅而長世取諸恒往而弗貞則鈞程莫必燃窠之情而意念益多浮

十七

劉本　十七

上下歲但剣

然之累，慷慨激昂，又何以馴臻乎悠遠，有由之以益請也。其即倦之
默為伏焉者乎。從來倦之萌端，柔勝者中於無所恃，剛勝者又中於

快癸然遺

多所恃。益之請也，非特心開之乎日用飲食之圖，竊其術以為功名

積氣醇厚

依之質，而為分願分願所之，而嘗以功名之見，即震厲亦屬怠荒矣
食德服疇，規制挾精幾以運為，氣彌銳為念彌邃也。恃心不秉於所
持，是則益之至焉者矣。倦之積數，畏事者始於有難心，喜事者又漸
於用易心。益之請也，非易心土之乎農桑學校之經正始務，務其永
修，終勞貞，初永修也。日而恒思初服之艱，則憂勤悉形篤摯

渾括

矣。微氣深思詩，裕有家之中，為事彌平，為意彌遠也。易心不假於

所難是則謚之（迥然殊絕）焉者矣此無倦之所以為由進也後世更張之續（刻露）
其會不易所倦先勞而若有乘險之勢將前此之先勞皆入於
虛以其虛也而無之亦豈有溢於先勞之外而請者自未及知也入
（古韵鏗然）
埏譜琴瑟之音而揮弦猶徵六字順耕鑿之則而知稼穡艱古今無
（語更老練）
苟且之勳名大都如是耳上古簡樸之治其意獨有萬年先勞於倦
但於濟饎隙之幾即畢公先勞不掩其間容其間也而無之亦祇
自滿先勞之願而請者且未深觀也樂鐘簴之古者以為神明之壽
力春秋之富者以為業利之貽高曾造孫子之休徵大抵如斯耳今
而後亦始終于先勞焉可矣

評

文之道勁者必少雄浩之氣其疎濶有力　無堅鍊之音作者故

自兼絕　源許

神出古異淡不可收仍守𫝀黙寓典謨也藴蓄如斯會當獻金鏡

以箴丹扆　張希周

十六

請益曰　卯

無倦　　邵臨

政易于倦，聊欲賢者無之也。蓋倦以求蒞而生，由唯無倦于先勞可矣。夫非所以益之哉。于謂政之多端也，立其外而預籌之，常覺吾意

衆覺行交發以先勞而遂又請益意番出

餘于其事；入其中而身試焉，轉覺此事餘乎吾意也。蓋至意有所止而事實不可止，乃歎吾意之無餘，而不知其非我過疑有餘也。于求

妙

益乎？令且未嘗先也，未嘗勞也，而何遽益哉。然踴躍于事外，實未嘗

精盡靠于有為無益乃倦字根源

難易甘苦之數，而恍惚間身雖未至，心若已至，每以理之易盡者相

妙無倦只是先勞

蕩，而盡遂試先之；遽試勞之，而勿求益哉。夫竭蹶于事中，必遍歷淺

在政者所以遽速

深疾徐之境，而意盡後事猶方新，故仍未覩始以事之煩重而厭息

矣亦知先之易倦乎就今日勇往之志倦固非由惰也但行之不興域困民之倦而遂倦于先之者豈其無之亦知勞之易倦乎慶後日（反挑）既進之思倦亦非由惰也但事之莫舉或困民之倦而且倦于勞之者豈其無之方日勵其行于身而不敢自我倦于先方親試其事于已而不敢自我倦于勞乃民之應者若故遲之以待上之倦也上即倦焉民豈得以倦相責乎而行終惰矣事終馳矣將以倦責民亦何奮上之自為責也一方申之以孝弟而已則已倦于先方勸之以農桑而已則已倦于勞乃民之應者不從其令而若轉從其倦也上棄倦焉民詎能以無倦相勸乎而行不終修事不終立民以倦相效亦何

（後世數令不行都從如是）

（何妙）

責以無依附乎也由其無之無之不于優游發弛之日也夫志之方盛氣之方盈識者早卜其爲衰竭之徵蓋精神浮動而弗克自制必難始之終之而從容以待其驗故優游即乘于果銳廢弛即伏于積明而無之則猶然先也猶然勞也殆行孜自今日始矣無之正期輕心浮氣之絕也夫經營難升更張或多識者早決其爲衰弱之由蓋志慮一從而不復留餘必難久道化成而暇裕以盡其量放輕心者其意必匱浮氣者其精易　而無之則先如故也勞如故也若圖敵爲異日事矣不然僕于先勞[illegible]所益乎

不能持久意都向勇于有[illegible]經于未嘗模有所告意亦句句神到

本朝房行書歸雅集　論語

請益曰無倦　　　　秦國楨

喜事者有急事之機、當思久於其道矣蓋求益於先勞外、子路之喜事也急氣將中之、夫子詔之曰無倦、非欲其即有恒為有為也哉且王者勞心固是非徒高談涸而無為而要其不敢自暇之念則存乎有基勿壞之中蓋政有多言惟行是勉而業原非易就竊省乃成挾深願以集事哉而更始者何勿進而圖厥終也先之勞之夫子之告子路也誠要矣哉肇紓緩於補座宵衣旰食憂勤在興校農桑而令富教可成即足徵王道之大編胥澤於井疆節屋　　堆明淪然樹果共動　　　　以王道之

歆犯

是乎子路猶欲而未取性成器遂激期共不倣抗壯心而動甚賒之願遂覺先勞在已未遽爲難而此外爲可呈能何勿更端而再問然而勇行夙著一往輒厲其無前聆師訓而存見少之思我疑朱勞而端尚多未啓而此中稍留遺憾即何容縕境以旁參且夫銳進者退速之前也急功者見小之漸也逸豫未可圖哉矣乃精神之振刷稍秋乃持昏息既待而乘之追至半途中輟和路能襄加飭以緩吾才之蹤躡而不知勤而無恥識者早已卜之于其初畏葸周難底績矣乃瞻望之過奢遁不及待情勢皆得而迴之追至志大而甚帥崇力虛而業弗廣卒

即疑於吾道之難行而不知勞而罔功君子固已惜之於其始噫
益之請倦之機也夫子試何以益之哉亦曰無倦於先勞已耳方
將為世運致惇大之休而以表見之端馳於外早以絲更之擾累
其中是兩間之矜氣反自我開之也夫虞教敬敷舊職而重咨疇
在周王懷保新國而屬勅康功則蠶躬率物受得識下躬可幾而
叙別論勸造也軍厥心於夙夜而守之以常斯孝弟力田至奏成
形之邪化方將為生民謀身心之澤而以趨事之才循源綱復以
喜功之念間於後是一息之浮情轉自我動之也夫九叙惟勸戒
語之四　心之八　保釐而貴　如　如　如　勢而亦宛然下

錄

者誠……也屢不獲……久斯亦難也

德長治至道之休風蓋恃勇力以總戎救弊而弊或滋甚而挾全

必以出政奏功而功乃立隳使子路持是道以行其為益也多矣

請益曰

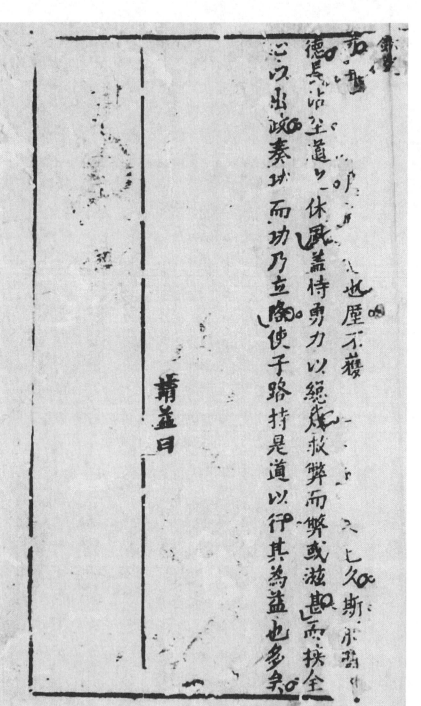

請益曰無倦

江南法宗師科入歙縣學一名　許宗岐

賢者急於有為聖人示以持久之道焉夫使心有所倦雖蓋亦奚補也夫子於子路之請益而以持久之道示之乎且古今雖有難窮之事業而吾儒當有行健之操持不審乎此而徒逞其好大喜功之概以求多於師傅之前究之願愈奢者心不固志愈大者神已紛其於久道化成之意庸有當乎如子路問政而子告以先之勞之二者其辭約其理該其事不過為明倫教稼之規模而其道已無總乎任帝明王之功業然則子路於此亦惟是積之以恆而不致以息已足耳而然以請益

作答

哉我知之矣質而自命甚高於

○思○獨

○係○字○伏○根○著○力○更○拼○特○不○群○

伐此之施為許了暇計而請事斯語之下必欲備攬其大全具果

致之六流懷者遠故將來之措置不遑熟思而情深商確之餘

○是○仲○氏○病○根○

必求博綜而無外此固子路請益意也雖然亦何所益哉天下

事之外每在非常自命之儒其矯然一往而自信無不能者正其

○中○肯○

積中阻而一無所能者也則雖志願甚弘識者早已知其精神

之必懈天下作輟之患又即在於好言濶大之儔其高瞻遠望而

自謂無足難者即其中道徘徊而無乎不難者也則當其任事方

○原○批○傑○字○打○通○

始君子早已決其持守之不終子於是因其請而告之以無倦焉

經綸康濟不必多求而無已也祗此厚生正德之具始於一月而

原批　醇無倦　理精詞茂　元氣淋漓

要諸畢生縱使人歛天和俗敦古處而規為措理依然創業之初則淳古之休風未遠置功偉烈無事遠稽而博考也祗此維皇建極之蕩蕩之必世而達諸百年縱使親賢樂利修美風清而潤色太平不改圖治之始則古今之久道以貽一然則由也亦惟無倦

收束精嚴

斧勞可耳矣以請益為哉一蓋道德功名原當勿忘而兼堅秉權之人自勵其神明一由也可以深思矣

聖人之言兼該括此章雖對仲氏言其貫大而一國天下小

有[illegible]　勞二事必　若相語為[illegible]也格

爲[illegible]　為寒儉家下也

請益曰　許

九一　貫珠集　吳肇鑾

計野田之制九之中可别區其一焉夫數計以九此準乎夫野田之制也乃有别乎九而即寓乎九者不又可别區其一哉若曰子問井地井也者地本一而盡之為九也顧一之中有九焉區九於一斯九之形為定形而九之中又有一焉謀一於九斯一之數為常數所以地必盡井者意固在九尤在九中之一也有如野可井者也請為子約計之井之成象也縱與横各三此第據其邊而衺列之至於九則有邊即有心焉中其心守所以正也井之分區也正與隅各四此第從其外而環居之至於則有外必有内焉直其内德所以不孫也此九之宜權其一

也且夫九一之數有統計之而得其會通者有所言之而知其專屬者規模未定以前經界每虞其不正一而統於九則治地立成規焉畫其區而外不相蒙亦提其要而終不相漏披圖而考覽一之不離乎九者數固以少而待多錯雜不分而後井地每患其不均九而別以一則分田昭定制焉錯相交而有犄角之勢即中是主而有總匯之方按籍而稽覽九之適成其一者數實以衆而歸獨吾嘗仰穆清之表見夫躔次有經亦既分為九野矣而有那其居獨以北辰位衆星之經是北辰不啻九野之一也王者取法乎天於畫地分疆之内為經為緯畛域既見其攸分而一者九之所宗其象本環而相屬抑嘗覽輿圖之大見夫版圖所隸亦既定為九州矣而皇建其極獨以京師為首

善之區是京師又為九州之一也王者取法乎地於計田授畝之間迺理迺疆方輿既形其各判而九者一之所出其額乃止而不遷由是而行之以助九一之法即井田之制也試由野而進論國中

是題鮮有不占下者總由不靠定本題立義故此作獨從九一二字落想不涉寬泛心細手和題分一絲不溢

請野九一而助　蘭藻集　呂鑫

酌行助之宜於野而先有請也夫九一之制惟助則然助法之行惟野更善孟子曰望滕之行助也故先有請與且吾嘗謂治地莫善於助善其相地之宜而不為地所窮善其用法之妙而不為法所拘地可以剔成同區畫循先王之例法不第經鄰鄙原隰實肇始之端義適乎籍而數取乎奇井地之規模早燦然其大備矣野人所以養君子則分田制祿何在不有成規哉而臣竊竊然有所請者以助為世所不行要為滕所當先行者也使滕執乎助之法經不達夫變遷地必弗能為良意欲限夫田之多少輙拘為公為私之例概以責之遂人則法無由立者官

禮轉不可行也推斟酌乎助之由因時以制其宜變通祇期乎
盡利意在均夫人之營逸乃取盈尺盈尋之潤專而屬之匠人
則功有先施者并田或不難復也然則野非助之所最宜哉野
之地極其廣無城郭之相限無廛肆之相雜無廬舍園林之相
間則平原沃壤任橫緯而縱經雖聖王制取其全不僅在流泉
之處而小都之田任縣地大都之田任疆地固早煩君相之經
營已野之人多為農師儒不雜其內工賈不處其中府史胥徒
不儕其列則計口授田可通力而合作雖聖主法求其備不第
在沃衍之經而任土則掌之載師辨夾則掌之縣師正宜廛廟
堂之擘畫已則請先為計其數則請先為擬其規亦曰九一而
助已耳并授莫備於一同滕則補短截長不及一同之半苟規

規以求助之合恐拘泥多而紛更轉病也然酌其平而以九區分田不詠汙萊之作定其制而以一歸計利且倍阡陌之闢意美法良所為有助以盡天下之地力也井制莫詳於一甸縣則計多較寡尚得六甸之奇誠在在而酌助之宜則措施當而狹小奚虞也故析為九而農不與農爭豪強戰兼并之習制以一而官不與民奪農氓無供億之勞仁至義盡所為助以杜天下之爭端也至於國中則非助可行也已

請野九一而助　使自賦

滙海集　胡宗衡

爲滕商井地之法有各得其宜者焉夫九一而助助也什一使自賦貢也以貢濟助而行徹其商於野與國中者如此且仁政必權三代之宜使謂政之美者可盡行政之徹者可盡廢此拘墟之論也惟審乎所能行而都鄙之中固宜畫井亦酌乎所難棄而鄉遂之内亦可稅夫後人用法之變準以前人制法之宜而體國經野之規得矣野人使養君子固不易龍子論貢助之說也顧助善而概施之或以受助之弊貢不善而參用之可以濟助之窮吾竊有所請焉昔先王度衍沃皋隰之規而井牧綦詳萬姓悉資供給然概從乎助之例而法有時窮猶不若審形

勢之異宜徵措施之各當以言乎助則在野宜夫野之為地遥山澤在其中林麓在其中溝壑亦在其中錯雜紛紜無復井疆之鱗然考以小司徒之制則四井為邑四邑為邱皆數起於九而九一之所從生也以十千為歲取之常計畝均收則土地太而易治以七十稽殷人之例規時定制則古法用而能通所謂九一而助者始本乎助而因以行徹者乎滕今者叢爾微封不必具為邑為都而經制過嚴轉視為病民之舉然盡野無定則每致情偽紛投何如分野有恒趨無慮豪强兼并而常祿之須實視乎此夫豈以畝遂溝洫之通而謂秸秷之並納哉自後世增履畝田賦之數而誅求無厭小民並苦煩苛顧欲變乎賦之名而意傷於激猶不若守其常以通其變即取自我實與自人

以言自賦則國中宜夫國中之地狹城郭去其一宮室去其一
廛市又去其一羣居萃處難為畛域之分惟定以大司徒之制
則五家為比五比為鄰皆合以為十而什一之所從出也九職
登諸大宰而輸將恐後無煩督自朝廷五物納諸近郊而奔走
偕來不曾聯以指臂所謂什一使自賦者殆濟乎助而因以為
徹者乎滕今者偏陽僻處不必通富商大賈而羨餘無入或議
加惟正之供然國之民力易傷恐每結酒醴佩犢何如國之民
情樂效近且致負芻糗糧而公家常用胥準乎此夫豈以國廛
漆林之地而謂疆理之易分哉此助濟以貢而為周之徹法也

諸侯之寶三

江蘇學大宗師科試寶山學三名　朱秉彝

有國者當知所寶，為約其數以示準焉。夫戰國之諸侯，皆挾所寶以為得計者，亦知寶固有三者在乎？孟子故約其數以示準也。曰：先王封建諸侯，列爵惟五，而分以寶，原以示大公也。自霸圖盛，而爭其國者鮮不各私所寶，益纍更僕難數矣。詎知一人之寶，當統一國以規其全；一國之寶，宜竟一人以提其要。為約計，而其慎其難，惟在於國者之鄭重而明焉耳。今之諸侯，靡不自以為有其寶，我孰不自以為寶也？惟我意而之，而貴多不貴少哉！夫天王求寶以來，列辟殊難供億，諸侯處釐其寶也久矣，隨處其寶而珍之

益甚誰則懍不貪爲寶之箴權臣盜竊以後宗邦亦慎保藏諸侯
惧喪其寶也久矣顧惧其喪而愛之弥深寧惟昧所寶惟賢之訓
諸侯之不得所寶其樂自此開也吾爲計之則有三焉夫三者之
寶在諸侯可以謀始封之職守即以立繼世之規模屏藩之衆樹
（開闔宏敞）
也觧桓蒲穀具見河山帶礪之盟顧命是諸侯即緣是諸侯而命
（根據中肯）
以寶三者備而責守無缺此日之磐石奠安寔有國與俱立者屬
（機精采）
奇於享王貢獻之時盖不徒予取予求已也于焉典貴以謹始封
一王之鉅制欽爲百辟之鴻符而不求益于三者之外惟無歉于
三者之中以是爲封守之大寶焉足矣夾輔之代興也侯釆甸南

諸侯多謀伐寡人者

李繼修

謀伐昔之多也齊王有危心矣夫諸侯伐齊亦已是慮况謀之者多乎藉子謂齊王于是有危心想其意曰寡人撫有青齊帶霸業之餘威一時泗上諸侯應無難憑凌而伐之矣乃不意平日之欲伐乎人者一旦而人亦欲伐乎我焉且欲伐乎我者又甚不一而足也如今日之諸侯豈已夫寡人之所伐者燕也則寡人之所開罪者惟燕耳于諸侯何與抑寡人之所勝者燕也則燕之所深恨者寡人耳于諸侯何來乃熟意諸侯乃竊竊然有謀矣若以寡人滅燕之宗社為不義因與寡人有私憾若以寡人絕燕之嗣續為不仁遂與寡人為仇

說出謀伐之故

論出謀伐。久限具以名字作勢

雖竟欲謀伐寡人矣雖然謀伐者諸侯而或謀之者寡寡無幾也則彼之甲兵猶未廣也則彼之銳師猶未衆也則彼之禁士未必其如雲謀臣未必其如雨也將興師振旅而來者殆無雲集響應之雄寡

情人意字緣題分字說得警

人亦何難簡將誓師與之相抗哉而孰知函谷之衆欲東出而叩關

必須說何以待急已逃之情非略從題也名文

而孰知雲夢之碑欲北下而牧馬而孰知韓魏之師群思鶯秀而報

數多字

総而孰知宋衛中山之君莫不欲乘此而朝食稍需乎比爾戈威望臨淄而浪績攻我左侵我右盡向渤海而争緋謀伐寡人者不誠多

體上小北一側一合通起結正

矣哉頑勢均力敵則作彼之情形可以明勝制之而無難而然承我

路下合有古致

寡則在我之區畫自當畢夜計之而始安噫然深矣事急矣寡皇而

不知所出矣可奈何可奈何請以善之夫子

如題拆頓重按多字說得寡難勝衆已是沒奈何景像下句不事

挑喚自在句下筆勢騰躍如風發泉湧莫可阻禦真文壇之飛將

也場中作文寸暴下來必有深思厚力能將局度鋪棟舒展而

出之以典雅之句運之以光潤之筆便可出人頭地如此文局度

不過是就題拆開法其中間二股不過是一反一正多字內敷衍

之詞而鋪排得躰句語傍古華穠又能流暢使人但賞其文徑

也曲折吐詞之古雅氣勢之磅薄哉忽其就題安頓了無異人處

場中得此便易法門正不必題外求奇而人未嘗不可以操必勝

不知所出矣可奈何可奈何請以蒔之夫子

如題拆頓重按多字說得寡難勝衆已是沒奈何景像下台不事

挑喚自在句下筆勢騰躍如風發泉湧莫可阻禦真文壇之飛將

也場中作文寸晷下未必有深思厚力能將局度鋪練舒展而

出之以典雅之句運之以光潤之筆便可出人頭地如此文局度

不過是就題拆開法其中間二段不過是一反一正多字內數衍

之詞而鋪排得減句語傍古華穠又能流暢遂使人但賞其文徑

之曲折吐詞之古雅氣勢之磅礴哉忽其就題安頓了無異人處

場中得此便易法門正不必題外求奇而人未嘗不可以探出際

之術也

諸侯多謀伐寡人者　二句　陳宏衢

不急謀所以寢兵者。已失所以待之之具矣。夫諸侯之謀何自起乎。蓋亦反其本矣。而奈何但思所以待之也。告孟子曰。寡人絕不解天討有罪之師。竟為衆怒所歸。不寒而慄也。夫師之勇怯。固在曲直而至於衆寡相當。則理有時而不足恃。倘謂疆塲之事姑盡所備事至而戰。則寡之不可以敵衆也。固已久矣。寡人以天之道取燕之國計。惟思所以備燕而已。何憂乎諸侯。而不謂諸侯反以存燕為名也。內顧誠可存寡人。何為獨利其所有。此即早知今日亦謀不反顧也。諸侯豈真有愛於燕。直與寡人為難耳

白自訂稿

函之役諸侯叩關攻秦秦人開關延敵九國之師逡巡而不敢進今即墨之區足以當雍州之固雖衆何歛焉寡人自顧天下九州穆陵無棣僅千里是諸侯之長技八寡人之長技一一八之不敵夫子之所知也此其勢誠不可以力爭或曰宜遣一个之使三寸之舌以排難解紛如儀之破從寡人知其必不可行或曰宜約詞行成以申盟締好使諸侯之兵不戰自息夫息則可矣不息寡人尚徒擁其虛名乎或又曰諸侯所不利於齊者徒以有燕一千宜割其地以分之夫諸侯何猒之有設有欲得齊地而甘心者亦將割以與之乎此其智反出抱薪救火下矣所可幸者兵猶未出

矣今諸侯之師一倡百從邊疆倏告寡人將何策以應之乎然則是謀也亦天所以啓寡人使得從容而指畫也詩有之築室道謀不潰於成又安知諸侯不以多人而生得失羽檄之馳反數也而不得就乎然而此偉非寡人之所敢邀也然則何以乘其隙而制之何以及其銳而用之何以厲兵秣馬使敵人望氣而先奔何以遂北追奔使我軍所向而披靡此其計一一屬之夫子夫群雄並起謀夫孔多寡人猶可恃以無恐者徒以有夫子也

明是悔禍却不肯認錯滿肚皮慌張活現帋上分明一篇國策

天九

諸侯將謀至人者

王宗師取進
莆田县学　林應鄒

欲赴救者其勢將成應見伐者其多是念矣夫救燕而請諸侯事未舉而謀已多也而宣王即以見伐為問殆亦有慮心乎今夫以列辟之邦共切救援之意此雖其事之未行已覺其乘之遙集也蓋壽疊方趨自微保恤之不虛計策已成若虞侵擾之至孰見伸公怨者難坐視以自安懷貪心者爰環顧而漸懼矣今人伐燕而遂取之矣夫齊之人民非多於燕也齊之兵亦非多於燕也乃竟取之以自廣其版圖宣王于此方以為天救非諸侯是乘孰敢與寡人爭此土也乃不謂其窮窮然起而有謀矣在諸侯非知

燕之罪原有難逭也以祖宗之土宇一旦舉以授人其允任世序
何辭然進而討之當保而全之若乘亂而蠶食屬在友邦寧
不震怒乎召公忽有不祀之嗟同盟敢忘救災之約休戚念切而
羽檄遂見其交馳在諸侯非不知燕之惡本有當[illegible]也以大家之
名器臣下妄為覬覦其見伐也又奚怪然哉其淪滅當代為圖存
若因危而殲其社稷凡在列侯安能共恃乎盟府之誓言當踐雪
怨之大義難忘繼絕為懷而同袍共戚其踴躍此救燕之謀諸侯
皆以有同心乎夫諸侯之用其謀固專為燕而設也同為王室之
股肱而國祚忽焉斷絕燕固無如齊何以侯侯無如齊何乎則欲

諸侯將謀至人者　林應鄒

振已墜之緒必籌畫先定而弱邦庶可匡扶乃豈善視其謀者專
與齊為難也自知兵威之所臨列邦尚未懾服向可越視乎燕今
敢輕視諸侯乎則計及啟釁之端賞罰難犯而勦躬實所共鑒
伐齊壯出乎諸侯其多謀誠可念矣臨淄勃海之區不必四郊已
多壘也然以伐為救其運籌非一日矣耿閫外然聞知楚魏之
師咸思務及韓趙之士亦期鍛矛戟藏此而朝食矣僅一二邦
乎夫齊所伐者燕於諸侯何與而不能甘心者哉令王一為統計
而干戈四起之勢者將觀于月前伯叔甥舅之　非必三軍已相
向也然因救而我伐其與師有成美矣　將來之事勢知矣行之

主頤決雌雄中山之君陰圖犄角凡我士而同心共誰不欲伐燕乎夫燕或有怨於齊於諸侯何涉乃發号恩民有令王一烈甚想而攻討相尋之機已漸興于旦夕宣王之以伐寡人為問殆為諸侯之謀亦有不可輕視乎總之諸侯非有仇於齊亦以相救共明同患之誼毋任蠶食之無厭齊非難敵乎諸侯亦以相伐共合群雄以隸未免虎視之地漂進求何以待之宣王殆不能自為謀矣

孟鄒

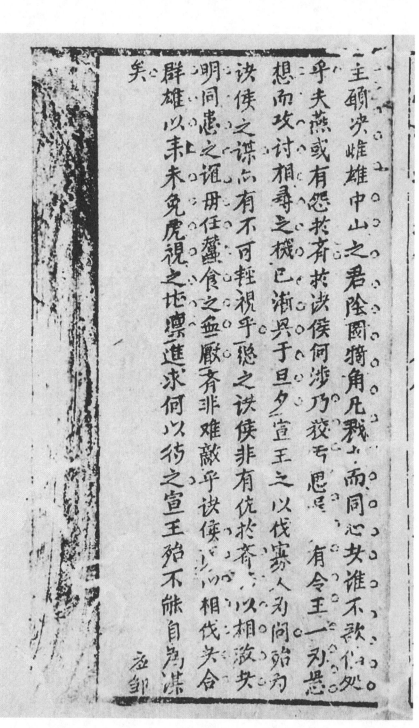

○○諸侯將謀　人者　　董　盼

觀諸侯有義舉而時君以為患焉夫齊雖視諸侯者也而不能不震懼於救燕之謀豈亦自知其不義而無所辭於天下耶且昔齊人伐燕而取之王以為吾可謀弱諸侯而牢制天下矣抑知秉人之危而襲其國衆必不堪故凡悲燕祚之式微而思以振之者孰無鄙鄰之志兼人之弱而益其強人必不附故凡憤燕軍之不振而思以助之者孰無已亂之謀或欲請討於天王或欲連師於方伯雖衆志尚未蓋子而其勢岌岌矣或欲潛師而遏齊之驅或欲倡義而復燕之祀雖詢謀未必僉同而其情已紛紛矣夫連以諸侯之衆固為天下

之勁敵而假以救燕之名又非天下之貪兵是固可不戰而屈齊師
者故齊王有憂之而告於孟子曰寡人之伐燕也非仇燕也子噲之
罪吾弗堪也然而諸侯則未有以此情待我者而愁焉犯順天下鋒
起爲其取燕也亦非利燕也水火之避吾非忍也然而諸侯則鮮有
以此心諒我者而大舉入寇遠近響應爲其始也吾固以萬乘而伐
萬乘而今也人將援諸侯以伐諸侯苟其計遂行誠不可與爭鋒矣
此豈天意果不足信而向謂寡人勿取者亦已早見乎此耶其始也
燕民固簞食壺漿以迎而今也諸侯將合縱連衡而至苟其策可施
吾不知其所終矣是豈民情果不足順而向謂寡人取之者得無壹

諸侯將謀 人者 人者（孟子） 董盼

涎於我耶。吁。兵貪者滅。幸勝者亡。宣王固已蹈其弊矣。無惑乎諸侯之不我直也。以斷語作結

上半得景。下半得情。憑問之

上句還他敘事。下句還他語氣。妙在救燕處寫得十分声勢。已擊動齊王恐懼精神。後半願寫端懷悚懼。却又端口遮飾。情景如畫。至前寫將字。却伏下多字。後寫多字。仍照上將字。更覺迴映有情

上下截做題。最要看中間過脉。此為通篇之關鍵。此處一得力。則前後俱警策矣。看篇中過脉一段。何等緊湊。湯子方

題之上下截分請四比。[illegible]間作一折渡下。本分意思無不洗發明

白、而彼此更自縈拂有致。挨讀者無此融洽。穿揷昔遜於自然。还讓先工獨步。李惠時

誰譽如有所譽者

崇文胡庚養園

譽亦不敢有也而有譽之人可思矣夫譽且不敢何況于毀然豈竟無譽之人哉是可轉思其有耳且夫人道揚盛美其用意忠厚非好為攻訐者可比矣斯何妨偶為出之而存善善欲長之心乎若乃過情之稱許既與暴惡之念以俱無而要其品評所及或有微溢其本量者正不得謂絕無所推重也吾之于人既不敢有毀矣夫毀者有所嫉于人非如有所譽者之甚愛乎人也而即繼毀而言譽又果誰譽乎譽之情遠過乎毀未副乎美善而稱之終勝未見其瑕疵而摘之也吾而有所激賞乎哉果誰為愛吾譽乎徵

筆出而達　行者深妥　婉若游龍

十刻兩浙三院會課

使聞吾譽而自息為是將與毀者共分其過矣譽之心若同於毀
斥以不為之惡而或諒之不若奉以難至之善而隱詆之也吾而
有所獎借乎哉果誰為用吾譽者僞使貽吾譽而生疑為又將與
有○飛○鳥○淡○雪○之○妙
毀者並入于非矣吾之不敢輕譽亦猶之不敢有毀耳何也妄譽
法○奇○井○嚴○之○然○不○異○
賊仁詎異乎妄毀賊義多譽而懼何殊乎多毀而傷譽且欲無則
斷斷乎無有所毀矣然而受譽與受毀固有喜惡之分用譽與用
毀亦有寬忍之別毀之情吾決不敢有譽之事吾安必遂無則誠
奇○到○深○成○
設一有所譽者于此乎以濶絕不謀之人而一論偶合即予以品
題之佳旁觀或訝其太急然吾寧能與天下相忘于淡漠則性情

所契誰謂譽不中情幾等毀不循理而豈敢輕相許可大與品地相違即素與周旋之人而實行未副遐邇以過甚之辭若人或未免自疑然吾亦欲與天下相責以循名則相論所及誰謂譽有不虞無其毀有求全而豈敢率爾游揚競以聲聞相尚吾豈必過執乎無敢譽之心而謂誰為吾所譽者竟不一思夫有所譽也顧雖有所譽以獎其成必有所試以求其當則有譽卒歸于無譽矣又何論毀乎

字字匠心秘巧獨探一梳一絲別成夜月機絲是自天孫謫降耶原評

廢中權

安徽鄭宗師歲入
盱眙縣學一名　高重

廢以行權善乎廢之用者也蓋凡逸皆廢而獨許以權異其以放言而廢也斯仲與逸之為逸乎且人第知利見為行義之常而不知苟可決然舍去者亦君子之所以安時而處順也惟夫情至而（所以用權處從廢于者出列落置模）事或不從既不欲竊附于中庸而又不敢顯背乎名教則其所稱量而出者類非曲士之所能及矣吾于仲逸之放言見之（領靖）令夫言者身之文也身隱焉文則不曼辭以自飾足矣何至以謬悠之論重為當世詬病哉且西山抗節片言不磨濁世同塵談言微中彼（隱清仲逸之旨廢異于他人以下）其言則顯矣而身固依然廢也碩他人之廢猶道其常而二子之

廢獨儼其變道其常者廢在人者也世與我而相遺但守吾素焉
而自超于域外儼其變者廢在己者也物有結而莫解非託而逃
焉而將寄于樊中故失汪洋適己遠人以寫其襟懷彼誠有所樂
于廢也二子則因乎勢之所迫但使事不與心違而心不妨與口
違則夫欲廢而始托于此與已廢而姑托于此者吾知其必有辨
也憂愁幽思騷人以洩其抑鬱彼誠有所傷于廢也二子則準乎
情之所安非謂世終不我諒而我本不期相諒則夫藉此以自遂
其廢與借此以自解其廢者吾知其必有辨也由今思之其中于
權乎蓋權者反經而非畔經守節而兼達節者也業已遺世獨立

而後拘牽乎物恒之常保無有過而物色者乎即廢矣亦必居他

捺他人贊自已

總晉請談新以立言事

人于非義之地惟自以不堪流俗而非薄世人則人之不我用為

青天白日中權衡毫十分邃微

有辭而我之不見是亦無悶所謂參觀于物我之間而有餘地以

處人斯有餘地以處已耳抑既高舉深思而復羣囂于論說之際

此等公古人能千秋者難天開

保無有從而禁錮者乎即廢矣亦必關後人以好名之端惟明知

原評措詞命意真知古人行辨中流者文

何國不容而自令若是則當時猶將執辭以害其志而後世誰復

評文生于情　此語亦然工妙

畧迹而原其心所謂默相夫顛晦之交而求為無用之用乃得以

自遂其蘧耳事關倫理而潛德無稱大不類乎拘墟之見辱在泥

塗而達生寓意仍無傷于緣督之經苟非託不得已以養中而徒

以其荒唐之詞鳴于世直無所能人之廢而已矣何權之足云（以結到廢不說放言）廢字從放言體勘自與中權合拍而消妙高峙更能發思古之幽情○原評

設身處地能道着此兩人心事方是聖人論列逸民道理若雜一牢騷語裹諷語均無是處清真中妙有意味為論古題所難循誦迴環令人神往　鹿舟

廢中權

陸毅

論逸民之廢，俟幸其合於權焉。夫人不宜自廢，何逸民之放言至此乎。君子曰幸也，其俟中於權也。且夫人有高世之行者，每往不見其廢，而有玩世之心者，亦每往不歸乎正。何則古人雖修身隱避，初未嘗自軼於範圍，故通變之宜，即寓於廉介之內，而后人因以窺其大節之所存。（議論有大家風範）吾於仲逸之隱居，因見其身中清矣，而放言則何如，以彼鄉居儕類之中，得毋欲超然大遠於流俗乎？夫流俗誠宜遠也，然揆之時而未當遜，不免有避人離世之譏。以彼志也群倫之表，得毋欲退然自安於孤僻乎？夫孤僻未可安也，然度之勢而咸宜遷，以見其覩變審幾之識。（開合有致）吾乃知仲逸之自廢矣。廢則似違乎道，而抑知中於權乎。逸民之自處往往

孤而寡偶以為利見而勞不若韜晦而逸也顧安于韜晦似矣能必其
奎諉於正乎仲逸若曰吾以其身任天下之重此身即為天下之所累
而名節亦奎以自全彌其廢也矣不適脫略自居以期奎与家國事斯（廢宇有浮好）
已耳曷嘗以是為保身之哲哉哉進而原之已不覺適合乎經矣逸民
之屬世進之介而鮮通以為匡濟之憂不若隱淪之樂也顧其為隱淪
宜矣能必其奎廢於情乎仲逸若曰吾以其心繫民物之大此心即為
民物之所拘而禍患亦奎以自免則其廢也亦祇是優游自適以期不（府身分）
為斥衆人斯已耳寧必以此為養晦之名哉誠徐而察之又不覺適符（漢宋党人）
乎道矣從來矣游之殺身半由於標榜彼非不自愛也奎權以濟變而（之摘可發）
孤行其亢直之風則忌我者浮乘其隙而排之何若此之旁行而不流

乎吾剪形其爭鬬名數者而術ゝ去之以適吾意故其心愈苦而其道愈先擲舉邪之害正半始于黨同伐異不欲避也爭權以御物而予人以不肖之名則發我者亦分其咎而備之何居比之而全而爭害乎吾第爲其不務細行者而術ゝ繼之以塞物議故其執弥艱而其術弥善譽ゝ仲連所爲極难耳

戰國處士橫議鄒衍侯王擁篲迎門遂有焚書坑儒之事此以放言取禍者也仲連放言正是藏身之善術昌黎蕩棄繩墨爲名數罪人乎作者可云窺見至隱

下論

廢中

養也校者

錢選集　唐存詩

我有取於養者可由庠而繼思夫校焉夫曰養則庠之義可釋也雖彼校者不又可繼思乎今使養老之典不興則一時之遊於上庠者已不知立愛立敬矣尚安望由庠而升之校哉乃奉養有禮已徵其義於黨正之司而名號攸殊復別其地於司徒所造則顧名思義而可恍然於尚齒之隆者亦因義溯名尤當穆然於鄉校之設也如所謂庠者非僅別乎校而名之也吾不暇論夫校者為何如而第思游庠伊始必無昧夫三老五更之文論秀之初當深明乎愛親敬長之道誠為計之其殆所謂養也養國老於上庠盛世不廢引年之典今即鄉治云遂而几杖

也何以撥哽噎也何以祝知其寓於庠之中者有深情也養庶老於下庠聖朝特隆重老之經今即休風已杳而餼也何以必適醴也何以必省知其存於庠之內者有微意也養也則庠之取義不已彰明較著乎獨是國家之立制豈僅在養老已乎如僅在養老已也則所為宏作人之化者祇於庠乎是徵而不必別其名於庠以外也隆造士之風者但於庠乎是考而無俟稽其地於庠之餘也然吾想治化之行其始也有所選其繼也即有所升彼夫五州為鄉鄉積萬二千五百而其地愈大者不有所謂校耶則盡思夫校者合鄉里之眾而立之以校列其間者將以升於國焉將以揚於朝焉則念校之名知必有殊於庠者而不盡取乎養也我能不別而白之曰校者統鄉遂之地而設

之以較。遊其間者。將以觀三物焉。將以考六行焉。則究校之實。當必有異於養者。而不得以庠例之也。我能不實而按之曰校者。以言夫校。不可由養之屬於庠者而進稽乎。是則老有所養早知取義之非誣而校有其名。尤見命名之不苟。明其為教。其視養不有異與。

詞清氣秀局緊識圓

養也

歲考番禺學壹等　鍾澳芬

即養以析庠，取其形聲，庠也。夫養之與庠，形相似而聲相近也。養老於庠，其義何容外索哉？嘗讀禮至養國老於上庠，養庶老於下庠，人第知養在庠，而不知養即可得庠之義。蓋養與庠之形相肖，即養與庠之聲相諧，而知義不待外求。因養而後名庠，亦因庠而後得養，臣不妨即其形之相似，與其聲之相近，而為庠一抉其義也。今夫庠之義，臣果何為而析之以養也哉？以養析庠，一則取其形之相似焉。夫養之形半從羊，羊居食上，而羊酒克協饋食之宜；庠之形亦半從羊，羊在堂中，而羔羊亦合躋堂之祝。是養之與庠，抑何其形之相似與！非然者，執爵執醬，明其禮矣豈必以養於庠而始隆其禮也豆五豆六有其數矣豈必以養於庠而始異其數也推之膠之云紼而不云養知膠之形與紼類而不與養類之云頌而亦不云養知類之形與頌同而不與養同縱養於東膠養於西膠類可旁通而究不若以養析庠其形為最相似也臣安得不即其形之相似而切指之為養也以養析庠一則又取其聲之相近焉夫養之聲可轉為祥養之以庠而吉祥適符壽考之頌庠之聲亦可叶以養庠詁以養而痛癢彌切抑搔之文是養之與庠抑何其聲之相近與非然者憲老乞言厚其儀矣豈第以養於庠而始厚其儀也華黍白華備其物矣豈第以養於庠而始備其物也推之辟之言積而不言養知辟之聲與積諧而不與養諧廱之言雍而亦不言

養。知靡之聲與雍叶。而不與養叶。緞春養孫子。秋養耆老。義無可調。而究不若以養析庠。其聲為最相近也。臣又安得不即其聲之相近。而更指之為養也。合之校與序之義。臣猶得以形聲之說進。

以形聲劈分兩大比非精於韻說者不辦

養心莫善於寡欲（孟子）　王庭

養心莫善於寡欲　　王庭

求心之所善養當事於寡欲之功焉夫心不可以不養必擇其善者而從之可不于寡欲加之意哉孟子意謂吾嘗論學問之道而推本（朱勉齋）于發心之求矣然猶致詳于得養失養之說何歟夫心之至于放而急為之求者一日之事也心之不待于放而徐為之養者平日之功也一時求之惟勤而平日養之貴豫則守其約以底于純當必有道以處此矣吾今為養心者思之養心者必先大心之所害〻吾心者欲也欲可不務去乎去之未易期則姑寡之以求其〻簡之欲一養心者每難絕心之所引〻吾心者亦欲也欲儘遮使無乎無之亦以漸

則惟節之以觀其自化之理夫心虛而難爲功矣而思其在于欲者
可以力勉也欲紛而不可詰矣乃思其制于寡者可以漸復也養心
之君者其莫如寡欲乎當心之自居于靜也事物之不交寂然爾養
之者使心常寂而不擾乎所感而無如欲之以所感擾也事物之動
我者紛然而至一日之中爲寂然者曾幾何時乎計惟寡之使感之
數常得寂乎寂之數將養心之靜莫善于此矣當心之自得于和
也當好之不形淡然爾養之者使心常淡而不誘于所甘而無如欲
之以所甘誘也嗜好之乘我者檝然而來日用之內爲淡然者有幾
乎今計惟寡之使甘之味常不勝于淡之味將養心之和道莫善

于此矣且凡勢有所極重者必需之以輕此善權于勢者之所為也
苟慮欲之紛而以寡制之非所以殺欲之勢乎勢之方殺雖有欲而
不與心敵斯寬于養心者不妨嚴于克己豈自治之無方凡機有所
離擾者必徐之以俟此善道于幾者之所務也將求欲之無而以寡
進之非所以從欲之機者乎機之自從雖有欲而不為心累則遜于
養心者何亦勞實其私何則欲之非盡養心者知此則所以考其善
者有從洞識矣

寡欲為養心關切來與道理體于實發但題只說莫善二字善
不善上欲久在下文不得不用虛籠此文窕發處題已無剩義而

仍不安於寡欲之意其于法處用處不同自記

若議發寡欲可以養心且說反說背易服下一味參術又不見得

養心寡欲相關處此文妙在能將心字欲字打通說得寡欲與養心總相關切而絕不至侵占豈非好手河武官

欲并求說到邪僻不好處只是眼前瑣事也須減少文中所說欲字總對兩但于寡欲後添說心字如何一筆便即占下非前輩安得有此靜細穩愜

養其大者為大人　　金聲

有大人之體存乎養而已夫體之大者大人之具也養之斯為大人豈可以不考哉孟子曰養道之不可不講也則人品係焉人未（寬引起）有能自愛者也而欲能自愛則其貴且大孰非必衣以舉乘天下（新剝本題）之人也而養已深其勝矣奈何以小害大以賤害貴而為小人耶（喉：落：）百體之在人身也猶衆人之在天地也人身之貴大者亦猶天地之獨貴大人也養其大者為大人已大非能自如也無以養之猶（股精彩）（與養是節克出去）身貌聲耳令將肆力焉極其所能至而莫之敢損也大無盡養亦（以小体微）無盡吾目不能窺所未見耳不能察所未聞手足不能持握于所

衆烈而特生一物者遂有以周宇宙而無困頓之患則變化無方（大者大人兩會俱透）之人也夫本自大也無以養之亦遂有漏焉耶今將保護焉堅其（此養是收斂）所有餘而莫之敢放也大無加養亦無加吾懼且不能以自定欲（入來）且不能以自足血氣節於且不能以自守而存此一物者遂有以涉家流而立萬物之際則範圍無外之人也是故有得志于時之（煬射養不落）大人則所謂養尊而處優也以天下奉一人亦何所不多何用不容而皇皇乎其大者驕奢者甯所以爲勤夙夜不皇處人以爲自（養其大者工夫）薄也而不知危微精一固巳邪人會于放心之域有不得志于時之大人則所謂優游以卒歲也置一人于天下亦何傷可素何位

可以而薄薄乎其大者爲甚者。飢渴不以害。安飽無所求以為

（從不養不見其養大）

不聽也。而不知動心忍性。固已決生死于憂樂之關。蓋惟有人焉

養其大而天下仰以推命。彼小人者。始得以安肥自豢於冠裳衽

（補二比見大人所關者大）

樂以中。亦惟有人焉養其大。而天下賴以觀化。徵術小者。猶不至

滌腸自暴於口腹飲食之外。養心者念之。大人豈可不為哉。

中二比從養大順落大人。後二比從大人倒醸養大。通篇字字

警動明目張膽。親切指示。是陸象山陳龍川一輩人議論。

養其

金